学前教育研究：
方法与应用
（第三版）

Doing Your Early Years Research Project:

A Step-by-Step Guide

Third Edition

学前教育研究：
方法与应用（第三版）

[英]盖伊·罗伯特-赫尔姆斯（Guy Roberts-Holmes） 著
孙爱琴 译

Doing Your Early Years Research Project: A Step-by-Step Guide

Third Edition

教育科学出版社
·北京·

译 者 序

20世纪六七十年代，“教师是研究者”成为教师专业发展的重要趋势。在波斯纳提出“成长=经验+反思”之后，幼儿教师与其他各阶段教师一样，面临着身份和工作方式的转变，即如何将自己在教育教学实践中遇到的实际问题作为研究内容进行研究，完成从实践者向研究者的身份转换，同时如何以研究的方式对教育教学行为进行反思，实现专业成长。一时间，研究和做课题成为许多幼儿园彰显自己专业水平和办园质量的重要标志。但是，对研究的一厢情愿和实践中幼儿教师的手忙脚乱并行不悖。幼儿教师摸着石头过河，以自己的方式体现着对研究的认识和理解。其实，开题和结题过程中的乱象与做课题的苦辣酸甜，都在提醒幼儿教师和幼儿园去思考：究竟应该如何去做研究？幼儿教师的研究与专家、学者的研究有何不同？哪些问题才是幼儿教师应该着手解决的真问题？来自实践的、实实在在的刚性需求推动了本书的引入和翻译，以期实现幼儿教师让自己成为专家型教师的强烈愿望，为所有一线的幼儿教育研究者和实践者提供借鉴。

当然，对本书的介绍和翻译，也有译者的“私心”作祟。译者自2010年以来，一直坚持进行本科生和研究生阶段研究方法课程的教授，深知研究方法只学不用的弊端所在，其间做过多次改革和尝试，如参与式教学、现场教学、形成研究性小组、以研究推动教学等，虽有收效，但每年都有一系列问题产生，如脱离实践、研究问题没有价值、研究范围过大等。许多本科生高高兴兴地考上了研究生，研究方法课程的成绩也不错，但一遇到真正的研究问题就“怂”了，无法确定有意义的研究问题、有效的研究方法，甚至对某些研究方法的基本规范都不了解，“照猫画虎”都面临困难。显然，概念背得滚瓜烂熟并不能代表有较高的研究能力，也不能使真正的研究问题迎刃而解。本书着眼于一线幼儿教师和在校学生的研究需求，解决了他们的研究困惑。因此，本书的引进出版，恰如久旱甘霖，真正能解决教学燃眉之急。

本书共十一章。前三章介绍了开展学前教育研究的一般性问题，如意义和价值、方法论问题和研究伦理等。自第四章开始，作者依次介绍了研究设计的基本原则以及观察、访谈、问卷调查等常用方法，尤其介绍了如何直接从儿童那里收集资料但又不违反伦理原则，继而对研究结果的处理、呈现，文献综述与研究论文撰写等问题做了详细说明，甚至详细列出了研究论文的内容框架，以便一线幼儿教师和学生参照。作者一直在教育一线工作，积累了大量不同方面、类型的研究案例和研究问题，后来又继续学习深造，将自己在实践中积累的经验进行系统化整理。故而，作为一本专门介绍学前教育领域研究方法的图书，作者的写作深入浅出，对实践问题如数家珍。虽然有些问题存在文化差异，但对学前教育实践的关注和把握，与国内情况相差无几。从写作来说，本书囊括了选题、方法选择、研究设计以及研究实施、数据处理、撰写文献综述和研究论文等阶段，内容很全。同时，本书又以一线的实际问题作为研究案例，以问题为线索介绍研究方法，形象生动，易于理解且方便“模仿”（译者认为，幼儿教师和学生在做研究时，对研究方法的使用多从模仿开始），是幼儿教师和学生的良好参照物。

当然，即使看起来是对普通研究问题的分析，但也反映出作者的写作既扎根实践，又立意深远，且价值导向突出。作者写作有明确的范式意识。针对同一个研究主题“电视暴力”，作者以定性和定量两种研究路向的展示，向人们清晰展示了研究的范式问题（当下研究方法乱用的现象，与研究范式不清有很大关系）。儿童意识突出也是本书的一大特征。作者特别提到了如何让儿童参与研究，这在理念上给了人们一个提醒，做研究究竟有没有儿童参与的份儿？作者不仅表明了原则，也借助儿童参与研究的实际案例说明，儿童参与研究不仅可能，而且应该。书中涉及的其他研究案例无一例外地都将儿童中心列为首要研究价值。

因此，本书看似只是一本工具方法类图书，但作者的写作并不仅限于对研究方法的介绍。突破研究方法作为工具的限制，将研究方法和研究过程视为实现教育理想的有力工具，才是作者的追求所在，这也是译者的执念所在。从研究问题的选择到研究方法的设计，都渗透着研究者的研究哲学。即使是力透纸背的分析，也有潜在的观念在起作用，这就是研究者自身对学前教育的理解，即所谓的理论认识。所以，仅进行研究工具的演练，而不提升自身的研究素养，难以有更好的研究。正是具有这种执念，所以译者希望本书的引入，能为幼儿教师和学生“行动中”的研究提供有效参照和指导。

全书由孙爱琴翻译完成并统稿。在翻译过程中，李彦平、贾周芳、吕瑞芳、袁媛、颜伟英、李晔、田力力、朱璐璇等同学共同查找资料，参与讨论，在此一并致谢。由于译者水平所限，书中译文尚有不完善之处，恳请读者不吝赐教！

本书的出版得到教育科学出版社的大力支持。译者在此深表感谢！

是为译者序。

孙爱琴

2018 年 12 月于兰州

谨以此书献给我最爱的兄弟保罗·克里斯托弗·罗伯特-赫尔姆斯（Paul Christopher Roberts-Holmes），我们谨记他对于生命的热爱以及他的温暖、幽默和激情。

目　　录

作者简介

20世纪八九十年代，盖伊·罗伯特–赫尔姆斯是英国伦敦中心城区一所学校的教师，他负责该校的学前教育工作。在那里，他全身心地投入到工作中，享受着学前教育带给他的愉悦。后来，因为对学前教育的浓厚兴趣和热爱，他在英国伦敦国王学院（King's College）攻读了硕士学位。之后作为海外志愿组织的志愿者，他去了西非的冈比亚。在那里，他对当地的小学和幼儿园进行了人类学研究。以此为基础，他又在英国诺丁汉大学（University of Nottingham）攻读了博士学位。此后，他一直在英国伦敦大学（University of London）教育学院担任学前教育专业硕士学位主管。他的研究兴趣十分广泛，包括社会政策研究、早期教育评价、儿童早期数字化学习以及学前教师专业化等。

致　谢

感谢我亲爱的妻子帕梅拉（Pamela），正是由于她的爱以及她对我的支持和鼓励，本书才得以出版。同时，感谢我可爱、有趣的孩子贾斯丁（Justin）、皮亚（Pia）和伊莎贝尔（Isabelle）以及他们最棒的兄弟姐妹卢辛达（Lucinda）、罗斯（Rose）、玛丽亚（Mary）、奥利弗（Oliver）、简（Jane）和汤姆（Tom）。他们无与伦比的创造力丰富了我的生活，我将永远感谢他们的幽默、智慧和坚韧。

感谢坎特伯雷基督教会大学（Canterbury Christ Church University）学前教育专业的学生与我分享他们的研究故事和心得，他们是：谢利·安吉尔（Shelley Angel）、莉萨·比尔纳普（Lisa Burnap）、杰玛·库克（Gemma Cook）、斯蒂芬妮·丹尼希（Stephanie Dennehy）、凯瑟琳·高夫（Katherine Gough）、马尔特·基特尼（Martyn Kitney）、埃莉诺·麦克唐纳（Eleanor MacDonald）和乔治亚娜·莫克森（Georgina Moxon）。另外，教育学院学前教育专业的硕士生安东尼·利特（Anthony Leete）、埃莉诺·雷亚（Eleaner Rea）和米歇尔·帕尔斯（Michelle Palser）真诚奉献了他们的研究成果，为本书添色不少。谨以此书向他们致以诚挚的感谢。

本书还参考了诸多研究者的著作，在此一并感谢。

图 1-2：L. Blaxter，C. Hughes，M. Tight. *How to Research* [M]. 2nd. Buckingham：Open University Press/McGraw-Hill Publishing Company，2010.

图 4-6：P. Clough，C. Nutbrown. *A Student's Guide to Methodology* [M].

London：Sage Publications，2007.

表 5-2、表 5-3 和表 5-4：Y. Lancaster，V. Broadbent. *Listening to Young Children* [M]. Buckingham：Open University Press/McGraw-Hill Publishing Company，2010.

图 6-1：A. Clark，P. Moss. *Listening to Young Children：the Mosaic Approach* [M]. NCB & Joseph Rowntree Foudation，2001.（该书现已更新至第3版，调整了游戏空间部分有关范围和变化的内容。）

表 11-4：D. Wyse. *The Good Writing Guide for Education Students* [M]. 3rd ed. London：Sage Publications，2012.

本书还参考了 1983 年由莱拉·甘迪尼（Lella Gandini）翻译，后 1993 年由卡罗琳·爱德华兹（Carolyn Edwards）、莱拉·甘迪尼和乔治·福曼（George Forman）修订出版的《儿童的一百种语言：瑞吉欧·艾蜜莉亚早期教育体系》（*The Hundred Languages of Children：The Reggio Emilia Approach to Early Childhood Education*）部分内容，另外也参考了由卡罗琳·爱德华兹、莱拉·坎迪尼和乔治·福曼在 1998 年进行再次修订并经格林伍德出版集团（Greenwood Publishing Group）授权、阿布莱克斯出版社（Ablex Publishing House）出版的《儿童的一百种语言：瑞吉欧·艾蜜莉亚早期教育体系（修订版）》（*The Hundred Language of Children：The Reggio Emilia Approach，Advanced Reflection*）部分内容。

推 荐 序

研究是孤独的旅程和冒险。研究时的想法、询问以及查找资料甚至能共同研究的同伴确定，都需要慎重决定。稍不留神，就会一败涂地。不管是新手教师，还是有经验的教师，无一例外。从这个意义上说，这本书将会是一本绝佳的研究指南和指导手册。它以丰富的研究案例以及各种各样的声音，支持和挑战研究者的研究过程。

本书以叙述的方式向读者娓娓道来研究的过程，以发展的眼光带领读者细数学前教育研究的每个阶段，逐一形成研究的重要问题，如在提出研究问题和进行进一步研究时，研究者的角色和身份究竟意味着什么。本书详细列举了多个相互交织的案例，引导读者从中体会不同个体做研究时的经历和体验。同时，各个案例也在告诉读者如何去做研究，最终形成有益的对话。本书还在探讨研究的伦理问题、方法论问题、数据收集和分析等。每章集中探讨一个问题且为读者提供学习的支架，明晰相关概念，在真实经验的基础上进行练习。这种安排既营造出读者与作者对话的状态和氛围，又给读者提供支持，并在与读者的挑战之间达到平衡，令读者有一种非同凡响的体验和感受。

本书非常强调和关注如何促使教师成为优秀的学前教育研究者、如何引导他们进行卓越的学前教育研究等，其关键是一定要让研究贴近儿童，心中有儿童。研究者要关注儿童在现代社会中的地位，关注社会生活中对儿童的排斥和不公平，关注儿童与成人力量的博弈以及儿童权利的保障等。作者力图引导学前教育研究者关注和思考如何才能使社会形成对儿童的包容、接纳和认可的态度，关注有关儿童的新观念和新实践怎么在伦理层面上进行考量，关注在儿童使用新媒介的优劣问题上有哪些共识和争论等。许多图书提到，对儿童进行研究的关键是“产生意义”，即在成人和儿童的生活世界之间建立新的变革性联系。学前教育研究既可以促进这种关系的建立，又可以进行检验。通过基于图像和戏剧的创造性对话与发展性谈话，读者开始接近并清晰了解开展学前教育研究可能遇到的障碍，以及具有的新的可能性和视角。

本书最令人印象深刻的地方在于，它一边为读者详细说明研究的核心理论和实践要求，一边帮助读者深入理解高质量学前教育研究的关键特征，拓展读者的思路和视野。

本书既面向学前教育院校的教师和学生，又面向幼儿教师。在作者的笔下，研究是一个生动、活泼且能被轻易掌握的过程。这大大激发了读者想要接近儿童的愿望，鼓励读者努力与儿童共同生活、工作并参与学前教育研究。该书大有裨益，值得推荐。

英国伦敦大学教育学院学前与初等教育系

菲尔·琼斯（Phil Jones）教授

术 语 表

行动研究（Action research）

又称实践者研究，是一种力图在教育机构内进行教育实践改革，从而引发政策或文化变革的研究。行动研究强调研究的合作性与参与性。

“儿童保护”第12款（Article 12）

联合国《儿童权利公约》（Convention on the Rights of the Child）第12款，其内容是强调儿童有权对影响自己的一切事项自由发表意见。该条款还要求，学前教育研究者必须让儿童参与研究，注意倾听儿童的声音。

个案研究（Case study）

一种以某个学前教育机构或家庭为研究对象，力图在被严格限定的情境中发现诸多细节和细微的意义，以深入探讨较为复杂的社会交往和互动过程的研究。

儿童中心方法论（Child-centred methoddogy）

一种坚持将儿童放在研究中心地位的价值观与准则，如马赛克法

（Mosaic approach）① 中对儿童的关注和推崇。

儿童档案（Documentation）

儿童自己或儿童与成人一起收集有关教育的资料，包括儿童、教师和家长的照片，儿童的画作，来自多方面的意见，观察记录等，它们可作为“马赛克法”的拼接资料。

伦理（Ethics）

研究者要尊重参与研究的所有人员，充分了解他们的感受，告知他们自己应有的权利，时刻反思自己的研究过程，警惕任何可能影响参与者的因素，即使是无心的伤害也要避免。

人种志（Ethnography）

旨在对学前教育机构中儿童和教师的观点、视角、信念和价值观等进行历史性地完整叙述的研究方法。

聚焦式小组访谈（Focus group conversations）

一种对儿童非常有效的访谈形式。这是一种合作式的访谈。由于每名儿童在访谈中被赋予权力，所以它是一种能被儿童乐于接受的访谈形式。

“门卫”（Gatekeepers）

即负责人，包括教育机构的管理者或者班主任、儿童的监护人等，他可以决定研究者能否进入机构并进行研究，也可以决定儿童是否可以参与

① 马赛克法，又称镶嵌法，原指古希腊用以装饰壁画、玻璃窗的一种镶嵌艺术，后因儿童视角研究方法的兴起，引入学前教育研究领域，用以说明在儿童研究中，通过多渠道、多方面收集与儿童有关的各种信息，即研究的资料和证据，包括视觉的、口头语言等形式，然后将这些资料和证据拼接、组合起来，形成完整的研究资料。由于这些资料和证据一个部分一个部分地来自不同方面，恰似马赛克方块，然后又被一个一个地拼接起来，所以这种收集、处理资料的方式被称为马赛克法。——译者注

研究。

知情同意书（Informed consent）

为了确保研究参与者了解研究的所有情况并决定是否自愿参与研究，而特意设计的一种文本签字形式，目的是督促学前教育研究者一定要获得参与者的同意，然后才能进行研究。通常，在学前教育研究中，获得儿童同意的难点在于儿童能否真正理解研究者要让他做什么。

解释主义（Interpretivism）

社会交往是一个被持续建构、持续创造并最终获得意义的过程，社会交往的核心是对社会意义的理解和分享。

访谈（Interviews）

访谈是一个从无结构走向有结构的持续不断发展过程。在访谈中，访谈者通常围绕儿童设计活动，如一边访谈、一边画画，分析时要将两方面结合起来。

访谈提纲（Interview guide）

一系列预先设计好的、用以引导访谈进程的问题。

方法论（Methodology）

隐含在研究过程中的一系列原则、价值观、哲学观和意识形态等，影响研究者对研究问题的选择、文献阅读的方向、研究方法的选择甚至数据处理。学前教育研究最重要的方法论是儿童中心，即处处考虑儿童的观点和看法。

研究方法（Methods）

研究者在回答研究问题时采用的具体方法，如案例研究法、问卷法、访谈法和观察法等。

客观性（Objectivity）

研究者一定要坚持中立、无偏见的信念，不让自己的信念、政见和经验以任何方式影响研究进程。曾经，人们误以为学前教育研究者可以做到完全中立和无偏见。事实上，与其他社会科学研究者一样，学前教育研究者如何在研究中保持客观，这依旧是一个谜。所以，任何学前教育研究者都需要时刻自省和反思，以追求研究的客观性。

观察表（Observation schedule）

为某个目标儿童或观察对象设计的、观察特定内容的检核表。

参与式观察（Participant observation）

研究者参与到观察活动中，一边参与活动，一边对参与情境进行反思和研究。

预研究（Pilot study）

研究者在正式研究之前试问访谈问题，发放调查问卷并进行初步的观察，借此提醒研究者注意正式研究中可能遇到的潜在困难并及时调整。

实证主义（Positivism）

世界其实是一个依照特定的、相似的方式运行的自然物质世界。研究中任何有关主体和反思性的东西，都不是实证主义所坚持的。研究是提出某个特定假设，继而对假设进行验证。

探究（Probing）

一种试图对研究对象进行引导，从而获得有用信息的方法。

定性研究（Qualitative methods）

通过访谈，参与式观察，研究日志、图片以及儿童画作等方式，收集各种不能用数字衡量的资料，从而进行深入分析并发现细节，最终发现意义。定性研究通常需要和定量研究结合起来使用。

定量研究（Quantitative methods）

通过问卷调查、社会调查、实验等方式收集数据和资料，通过分析得出结论。定量研究通常需要在较为广阔的情境中收集和分析数据，获得一般性结论。定量研究通常需要和定性研究结合起来使用。

研究日志（Research diary）

研究者记录自己在研究过程中通过反思得出的任何想法和感受。研究者可以从中抽取部分内容，和其他材料一起进行三角互证①，确认这些想法的客观性。

研究参与者（Research participants）

所有参与研究并为研究提供材料的参与者，如研究者的同事、机构中的儿童、教职员工以及儿童的父母等。

自我反思（Reflexivity）

研究者在研究过程中对自己可能存在的偏见、假设和解释保持相当高的警惕和自省，时刻自知并反省研究者对儿童及其父母等研究相关人员的

① 三角互证始于人种学研究，人们通过多个来源收集对同一事实或现象的解释，以佐证研究资料的真实性。教育研究中的三角互证，也是要通过多种资料收集方法，对资料的信度进行交互证实，提高研究的信度。本书主要强调研究者要围绕研究主题，以多种方法收集研究资料，对来自不同视角的认识和观点进行比较、分析，从而保证研究资料的真实性。如为了了解儿童对某方面事实和现象的掌握情况，既可以观察儿童、访谈教师或家长，也可直接询问儿童看法。——译者注

影响。在进行研究时，研究者要对自己收集数据的方式和路径保持相当高的警惕和自知，明确说明自己如何影响数据收集的过程、哪些潜在的假设影响数据解释。

抽样（Sampling）

研究者选取某个（些）学校、某个（些）教师、某个（些）儿童进行研究。定量研究者为了提高研究的代表性，多采用随机抽样的方式。定性研究者倾向于通过目的取样法来深入理解和解释研究现象。

社会公正研究（Social justice）

致力于积极推动和促进所有儿童及其家庭、社区等在更广泛范围内的政治权益保障和政治互动的研究，主要涉及公平、正义、平等和尊重等核心问题以及其他任何潜在的价值观和准则。

结构性观察（Structured observations）

对特定儿童进行的观察、事件取样以及目标追踪记录等相对聚焦、目的性强的观察方式。

主观性（Subjectivity）

研究者自己的感受、偏见和解释对研究问题的选择、数据收集和分析的影响程度。主观性的影响程度与研究者的自省程度密切相关。主观性通常与客观性相对立。

调查法（Survey）

通过多种抽样方式，以大样本问卷调查的方式获取普遍性数据。

三角互证法（Triangulation）

研究者为了达成对研究问题更深入的思考，从而对来自观察、访谈和调查等方面的资料和证据进行比较、整合，以期进行相互的比对和验证。

非结构性观察（Unstructured observations）

以反思日记、逸事记录等非聚焦方式进行的观察。非结构性观察获得的资料需要与从父母、教师以及其他教师那里获得的资料进行三角互证，在研究论文中共同证明结论。

效度（Validity）

效度在解释主义和实证主义中的意义并不相同。在解释主义者那里，只要能以三角互证的方式证明参与者的观点是真的观点且前后一致，就被认为是有效度的。在实证主义者那里，效度是指研究的可重复性和可验证性。可重复性和可验证性越高，效度越好。

第一章　做研究，你行！

本章学习目标

- 知道研究的基本过程。
- 了解做研究的感受和体验。
- 知道研究要注意社会公平。
- 了解反思性实践在研究过程中的意义。
- 掌握进行高质量研究的基本原则。
- 了解在日常生活中进行研究的技巧。
- 知道研究者和研究指导者的责任。

做研究的感受和体验

在开始做研究时，我们心里会有各种各样的感受和体验。就像后面介绍的学前教育专业的学生一样，他们在做研究的过程中产生了各种各样的体验。有些体验令人感觉良好，有些体验令人感觉沮丧。做研究的过程能使他们深刻了解自己感兴趣的研究问题、能以自己的方式进行研究、能体验到因为帮助了儿童而获得的愉悦感，这是令人感觉良好的感受。但是在研究过程中，他们会担忧自己的研究能力不足，不能很好地完成工作；也会担心研究时间不够，贻误研究进程，这显然是令人感觉沮丧的体验。事实上，研究本身就是一个喜忧参半的过程，其中既有正向的情绪体验，又有负向的情绪体验。而且，某些负向的情绪体验，也有可能转化为对研究有益的部分。如对研究的担忧可能会激发研究者的研究热情和信心，进而顺利完成研究。

> 请你思考下列问题。
>
> · 你更倾向于哪种感受？
>
> · 为什么会有这样的感受？
>
> · 你觉得做研究的真正感受是什么？说出你的感受，与自己的同事、指导者分享。

对于研究者而言，他们喜欢……

· 自己研究的问题恰好是自己感兴趣的领域，这也是研究的真正动力。

· 研究内容正是自己好奇和想要了解的。

· 即使做研究会让人头脑发蒙，但它却是一个学习推进研究思路的绝佳机会。

· 研究能让自己有机会对本人感兴趣的领域做更进一步的了解。

· 自己可以选择研究内容，并以自己的节奏进行研究。

· 做研究能帮助到儿童，使其获得更好的发展。

但是，研究者也担心……

· 自己短时间内能不能对某个领域进行深入研究？这个题目是否值得做？

· 自己能否收集到充分的研究资料？是否有足够的时间做完研究？

· 作为三个孩子的单身母亲，哪里有足够的时间花在研究上？

· 自己不知道研究什么，从而使做研究变成了“空头支票”。

· 自己能力不足，研究超出了自己的能力范围。

· 自己不自信，不敢向专家请教。

· 自己在研究中不能获得更多指导和支持。

· 自己做研究压力很大，需要非常谨慎。但是，如果自己接触到实践个体并一起谈论研究问题，忧虑会消失吗？

· 怎么注意研究中的伦理问题？

· 自己真能组织并开始一个研究项目吗？

学前教育研究中的谬见

其实，出现以上所述的种种感受，就是因为一提到“研究”这个词，大家会感到焦虑，所以要记住，研究仅仅是一种工具（MacNaughton et al.，2010）。它与其他工具并无二致。在我们知道研究做什么、如何设计、怎么做研究时，我们就会发现，研究对我们而言，非常有意义。研究仅仅是一种工具，是我们控制它，而不是它控制我们。所以，任何有关研究的消极联想，并非不寻常之物，它植根于我们平日对研究的谬见和刻板印象中。当然，某些对研究的误解和担忧以及由此产生的畏难情绪，有时候确实会影响研究者的参与性，如很多人认为以下这样是对的。

· 研究是学者和专家的事情。

· 研究太学术、太复杂、太神秘，也太耗时，所以不适合像我这样的人。

· 只要是研究中既定的、铁一般的事实，那么它一般不容易改变。

· 研究只能以这样或那样的方式进行。

· 做研究只有唯一一条科学化的道路。

· 研究是一种严谨而科学的训练过程。

· 研究相当枯燥乏味。

· 研究不能改变任何事情。

· 做研究没什么真正的好处。（引自 Blaxter et al.，2010）

走向综合化的学前教育研究

与上述观点不同，诸多研究者在实践中发觉并确认，学前教育研究越来越趋向综合性。

阅读以下观点并思考，你会赞同哪些观点？不赞同哪些观点？

· 我们已经掌握了许多日常研究技术。

· 我们确认研究是人人可为的一件事情，这意味着你也行。

· 研究只是我们可以使用的一种工具。

· 研究过程很辛苦，但很有意思。

· 研究能关注那些对我们来说真正有用的问题。

· 研究能促使我们在个体和专业性方面获得发展。

· 研究能积累知识。

· 研究能发现新问题。

· 研究能改变现状。

· 研究能帮我们厘清学前教育的许多复杂问题。

· 研究对深化学前教育研究很有意义。

· 研究能帮我们质疑和验证那些想当然的假设、谬见和经验。

· 研究能挑战我们习以为常的行为模式。

· 研究能满足我们对某个观点的好奇心。

· 研究对我们自己、我们的工作、儿童以及工作单位都有积极作用。

阅读以下内容并思考，在何种程度上，你会赞同下面的这种说法？

· 作为教师，做研究让我们以全新的、另类的方式看待儿童和我们自己，挑战我们惯有的思维方式，也使我们形成新的工作方式。

你会担心，作为研究者，自己能给学前教育研究带来什么？究竟会不会做出贡献？令人欣喜的是，学前教育是一个快速发展的领域，只要开始研究，任何新的研究成果都能为这一领域的迅速发展添砖加瓦。

学前教育研究中的研究项目

现在，有关学前教育的研究越来越多。但是，关于儿童早期在社会生活中的成长和发展，还有很多疑问需要解答。现代社会日新月异，社会发展错综复杂。任何新的法律、政策以及实践中出现的新问题，都可能改变教师工作和教养儿童的方式，这就要求教师要密切关注并深入了解现代社会儿童所面临的社会状况。在英国，贯彻和实施《早期基础阶段课程标准》① 的价值要求和基本理念，就是教师面临的巨大挑战。显然，《早期基础阶段课程标准》提升了人们对学前教育服务水平和学前教育工作者的期望，但这也急需教师提升自己的专业发展水平，以便更好地了解影响儿童发展和童年期发展的复杂因素。

童年被认为是处于一种复杂交叉系统中的一个主题（Bronfenbrenner，1979；Rogoff，2003）。它与阶级、种族、性别和地域等一系列社会因素有关，而非处于真空状态中。在现实生活中，儿童被他所进入的学前教育机构、保健中心以及大众传媒等包围着，这些均以不同方式作用于儿童，影响着儿童的发展。对童年的理解，正是要在这样的复杂情境中以整体化方式进行。所以，对童年认识的复杂性，促使我们进一步思考儿童和童年。这也是研究作为答疑解惑工具并真正开始发挥作用的时刻。这下，你就能明白，为什么教师一定要参与研究？为什么自己做研究？因为只有通过做

---

① 《早期基础阶段课程标准》（Early Years Foundation Stage，简称 EYFS）是英国政府以“给父母最好的选择，给幼儿最好的开始”为宗旨，历时 12 年，由 7000 余名专家、学者和教师参与，通过对数以千计的低龄儿童进行长期追踪研究后而制定出来的标准，是评估英国所有学前教育机构的国家级课程标准。《早期基础阶段课程标准》依照幼儿各年龄阶段的特征和需求，将课程内容分为个人、社会和情感发展，沟通、语言和文字，身体的发展，读写，数学，对世界的理解，表现力和艺术设计七个领域，制定了 28 项早期教育目标，旨在为所有 0~5 岁的幼儿提供一个连续发展和学习的体系，使他们在生活中获得更好的发展机会，让每名幼儿都能在将来成为身心健康、拥有安全感、成功和快乐的人。——译者注

研究，教师才能更深入地理解儿童以及他们多姿多彩的童年。

简（Jane）关于儿童使用手机状况的研究

请思考，简如何通过早上的观察，发现了自己要关注的研究问题？简如何通过进一步反思，引申出一系列完整的研究问题？请思考，简如何在研究中质疑自己先前的观念？研究过程是如何增进其知识并改变其实践的？

个案研究

简已在幼儿园工作了数年，对学前教育非常熟悉。然而，最近几年，她非常震惊地发现，有相当多的孩子在幼儿园里玩手机。对于孩子正在做的事，她觉得自己知道得实在太少了。当她询问一些孩子这个东西怎么用时，他们向简演示了如何打开视频网站并播放自己喜欢的视频。另外一些孩子还演示了如何收听不同的音乐，将自己在家看的视频放给她看。孩子们操作手机时展现出的出色能力、自信和灵敏度令简震惊。简比较和反思了孩子在幼儿园使用电脑时的“蹩脚”与其玩手机时“出色”之间的差距。她在想，为什么会有这样的差距？怎么才能缩小差距？她认识到，自己对孩子们使用科技手段的情况知之甚少，孩子们也并不像报纸上批评的那样，玩了太多游戏。从她的非正式观察来看，她觉得还有很多值得研究的问题需要继续。

因此，为了更好地了解儿童和科技之间的关系，她决定深入挖掘手机、平板电脑使用中的教育价值，并将自己的疑问记录在研究日志中，如儿童借助科技能干什么？如果有区别的话，儿童在使用这些工具的同时学到了什么？哪些学习倾向得到发展？类似于企鹅俱乐部①一类的网络游戏在家庭中被玩到了什么程度？儿童如何在电脑上进行交流？在支持儿童玩游戏的过程中，教师的角色是什么？儿童借助网络玩游戏时，会遇到什么样的伦理问题？我们如何看待它？

学前教育研究的专业化

任何时候，我们都需要谨记，做研究是实现学前教育研究专业化的有力手段（MacNaughton et al.，2010）。因此，不论自己是要批判性地解读其他人的研究，还是自己想要做研究，都需要注意研究的规范性，保证研究的专业化。

通常，一个人开始做研究，都是受到某种因素的推动，如研究是考核的项目，又或者作为一名教师，自己想通过开展一个小规模的研究，优化教育实践，使自己能更好地与儿童在一起，提升教学质量。事实证明，教师越来越被看作是学前教育研究中的关键参与者。因此，如果你想要做好一个研究，那么这本书将告诉你，如何以探究的方式质疑实践，然后提出研究问题、收集资料、分析资料并得出相应的研究结论，从而形成一个完整的研究过程。

通过本书，你会了解到，高质量、有效的学前教育研究是什么？它由哪些内容组成？为此，你需要大量“消费”，即阅读研究论文，了解高质量学前教育研究的伦理价值和基本理念。阅读完这些研究论文后，你需要有效回顾和反思自己已经阅读过的内容，批判性地认识和评价别人所做的研究。在学前教育研究中，这种对他人研究的批判性反思、对自己研究的自信，也是提升专业水平的重要内容。

---

① “企鹅俱乐部”（Club Penguin）是一款以卡通企鹅为形象，在冰雪覆盖的虚拟世界中进行的大众、多用户的在线角色扮演游戏，2005 年上线，现已成为一个以企鹅为主要形象的大型在线游戏社区，以角色扮演为主要手段。玩家有自己的家，即被分配的圆顶屋，可以在社区内摇摆闲逛、聊天、玩游戏；或者与另外一个玩家共同活动，如选择开放他们的圆顶屋，等其他企鹅来访问；也可以用玩小游戏赚来的钱装修他们的圆顶屋，吸引其他玩家。这种游戏形式很受 8～14 岁青少年的青睐。——译者注

作为学前教育工作者，尽管当前许多学前教育举措都是由国家政策推动的，但是从循证的角度出发，我们不能只停留在对国家政策的简单响应上，而是要借助研究，采取更加有力的手段，有理有据地开展工作。进一步说，当你开始“消费”别人的研究论文并开始变得越来越有见地时，或者当你开始正儿八经地做研究时，你会发现，研究不仅可以帮自己积累专业知识和经验，而且可以使自己更透彻地理解文本，进而主动贯彻落实国家政策。打个比方，如果你阅读的是有关儿童情绪发展的研究论文，那么在阅读之后，你会尝试将这些研究成果应用到自己的实际工作中，并且用较为合理、客观的态度来评价那些有关儿童情绪发展的文本并发现其中存在的问题。

反思性实践在学前教育研究中的意义

一线教师对研究总存在或多或少的误解，他们会在自己的认识范围内分出研究的“学术高地”和“沼泽低地”（Schon，1987）。他们感觉，思考实践（即反思性实践）这类事情应该是属于在“学术高地”上的人干的事，而不是他们的事。这其实是一种误解。他们错误地以为自己只需要实践，而不需要思考实践。他们误以为，实践学前教育和对学前教育中的实践进行理论思考是彼此割裂的、没有联系的。这种误解阻碍并限制了他们潜在的研究能力的发展。其实，只要教师能在实践中进行反思，那么他们一定能从自己的教育经历中发现什么，或者通过批判性反思产生大量的、属于自己的真知识（即实践经验）。通常，这种批判性反思是教师对自己日常工作某个部分的思考和质疑，并在此基础上会考虑如何改善自己的工作。反思的过程既可以由自己独立完成，也可以与自己信任的朋友或同事共同反思，一起完成。

在本质上，反思性实践是一个讨论如何改进实践并形成对改进行为的理性认识的过程。对于学前教育工作者来说，获得这些真知识，与进入某个老牌的学术社团一样重要。为了保证这些真知识有效，我们必须确认这些知识经由批判性反思和系统调查研究而来。这样一来，学前教育领域中的专家就成了主体，他们不但具有这样的专业能力，而且确实在批判性反思中形成了独创性观点。但是有一点需要注意，有些专家或许对某个主题有深入研究，但他不会像教师一样在实践中进行过研究。也就是说，在你之前，没人在实践中开展过有关这个内容的实践研究。为此，肖恩（Schon，1987）将两种研究区分为行动中的反思和对行动的反思。行动中的反思是指从你的角度思考，当然这也是学前教育工作者始终在做的事情。对行动的反思是指非常微妙的、成熟的回溯式思考，或被称为事件后的反思。学前教育中的反思性实践同时包含这两种研究，即事件发生以后的思考和对其原因的探讨。

源于实践者独一无二的工作背景和实际经验、在教育实践中进行的反思性实践，能激发起实践者对研究主题产生独创的洞察力和见解。如果听不见你的声音，你将被继续边缘化以及不能被认真对待（McNiff，2006）。只有系统参与具有反思性实践特征的研究过程，实践者才有可能在学前教育领域做自己的研究，发出自己的声音。

凭借反思性实践，教师可以掌控自己的境况，既可以是编剧、导演，也可以是主角。在反思性实践中，这是自己的戏，是自己的研究。自己掌控着研究，因而研究完全是个体性的，只对自己有意义。这也是为什么反思性实践具有如此巨大的能量的原因。在反思性实践中，教师变成了研究中充满激情、热力四射的局内人，进行富有洞察力的观察和改进。同时，教师也变成了实干的专家和思想者，能形成关于“做什么、为什么做”的基本观点，并且将自己“没做什么、为什么没做”的理由抽象、概括，进而形成自己的理论体系。麦克利夫（McNiff，2006）指出，实践者是研究的中心，实践者创造和贯彻的正是自己的理论，而不是局外专家的理论。所以，反思性实践产生的各种变化都是可持续性的。

反思性实践反思什么？

反思性实践关系着对教师工作的调查和评价，关系着教师为改善个人和社会发展以及实现学前教育专业化所采取的具体行动。所以，教师在反思性实践中主要思考以下问题。

· 我正在做什么？

· 为什么要这样做？

· 怎样做才能更好？

对以上问题的回答，是任何一个反思性学前教育研究方案的核心。通过对研究方案的反思，教师可以将自己在工作中有效和无效的因素变为自己个人化的理论认识。由此可见，反思性实践关注让工作做得更好的问题，与教师坚信自己的实践能得到改进的理论认识有关。

表 1-1 的问题集中体现了局外研究（传统研究方式）和局内研究（反思性实践研究）的基本特征和差异。

表 1-1　局外研究和局内研究关注的问题

局外研究关注的问题	局内研究关注的问题
儿童和户外环境之间的关系如何？	如何增加对户外环境的使用？
班级管理形式与激发动机之间的联系如何？	如何增进教师与后勤人员之间的关系？
为何教育中的政策有时不包括年幼的儿童？	如何更仔细地听取儿童关于自己应该学什么的看法？
家长参与度与儿童学习之间的关系如何？	如何让家长更多地参与到学前教育机构的活动中？

以上问题表明，实践者是研究过程的中心，所有的反思性实践研究都用“我”来指称，因为“我”，即实践者，就是研究的中心。你需要以专业化的态度质疑自己的工作，只有你了解自己的机构、了解自己。作为一名训练有素的反思性实践者，你也同样知道，自己应该提出什么样的问题，从而更有效地改进教育实践。如此，反思性实践研究展现出一种从根本上区别于传统研究的形象，即研究者在研究过程中处于更加有利的位置，并且自始至终地掌控着研究进程。

斯蒂芬（Stephen）在反思性实践研究中的疑问

阅读下面的研究案例并思考，斯蒂芬怎样在自己的研究中进行专业化反思？这种反思性实践研究如何使他成为真正的教师？

> 斯蒂芬是一名反思型教师。尽管他深信儿童导向的学习是通过游戏来进行的，但让他担忧的是，在过去的一年里，那些资深的同事都期望他能比较正式地“教”儿童学习知识。周围环境的变化使得斯蒂芬察觉到，以游戏为本的教学方法日益受到挑战、质疑和破坏。他想深入探查，为什么会发生这样的变化？什么样的政策变动引发这些变化发生？如何引发？斯蒂芬回顾了自己开始研究，然后研究又反过来武装自己并促进自身专业化发展的历程。然后，他提出以下疑问：如何理解学前教育中儿童的入学准备？作为教师，他应该如何回应？在何种程度上，他才能继续保留自己以儿童为中心的教育观？他如何才能维护以儿童为本的学习方式在活动中的中心位置？

作为专业发展历程的反思性实践研究

反思性实践与学前教育工作者的专业化、变化以及提升密切相关，它是教师专业发展的重要内容和关键部分（Schon，1987）。作为专业的教育工作者，你需要经常反省自己与儿童在一起的工作经历和改善工作效果的具体方法。仅就这一点而言，反思性实践应该是教师在实际工作中不可或缺的必要组成部分。

学前教育工作者需要经常反省自己的工作，越来越多的学前教育从业者也需要承担这个责任。如《早期教育职业资格标准》[①] 第 38 条明确规定，申请成为儿童早期教育教师的候选人必须要能“反思和评价专业实践的影响”（CWDC，2010）。为此，教师需要在教育实践中判断自己正在做什么，为什么要这样做。显然，一个反思性的研究计划能促使你深化对这一问题的理解，帮助你在实践中判断并采取更专业的教育行动。具体来说，反思性实践究竟在哪些方面能帮助教师实现自身的专业化呢？

1. 深刻反省自己的教育价值和教育理念

反思性实践需要教师谨慎思考自身工作的某个方面以及改进方式。对于教育工作者而言，反思一般是自己的个体化行为，当然也可以和自己非常信任、重要的朋友、同事一起进行。这种明智、深刻的反省既是个体发展的核心部分，又是专业发展的核心部分，它将最终深化你对自己的教育价值和教育理念的认识。

2. 提升专业化程度

一旦进行反思性实践，你需要在工作中不断提高自己关于专业发展的兴趣和动机，引发更深刻的反思，从最初设计小规模的反思性研究开始，逐渐过渡到形成以反思性实践促进教师个体和专业化发展的良性循环。

3. 改善与儿童、家长以及同事的工作关系

反思性实践需要时常与同事、儿童、家庭以及社区保持密切的合作，这种合作经常需要冒险。在某种意义上，这将是与自己信任的同事、朋友一起进行的社会实践活动。

---

① 《早期教育职业资格标准》（Early Years Professional Status）是英国政府对从事 0~5 岁儿童教育工作的从业人员在学历、教育背景等方面做出的规定，是对学前教师的资格认定。该标准的出台与《早期基础阶段课程标准》的颁布有很大关系。《早期基础阶段课程标准》不仅划分了早期课程的基本框架，而且提出对早期教育机构进行评价，并对从业人员的基本素质提出更高要求。2010 年，英国要求所有儿童看护中心的工作人员必须获得早期教育职业资格认证。2015 年，所有全日制教育机构的工作人员必须获得早期教育职业资格认证。对不在政府资助的机构，如私立的儿童看护中心、民间的儿童服务机构内工作的从业人员，获得职业资格认证的，将会获得政府的资助和鼓励。——译者注

4. 训练教学技能，丰富教学法知识

批判性教学反思能激发教师改善教学技能的愿望，促进儿童情绪、认知、身体和心理等方面的发展，积累更丰富的教学法知识。众所周知，儿童早期的学习实践更多地体现为整合式学习。反思性实践能更敏锐地察觉儿童早期学习中这种微妙、复杂的变化。

5. 深化理论知识，提升参与度

参加反思性实践的一个明显优点，就是一旦参与进来，教师就会认为反思性实践是自己的事情，他不但希望能借此提升自己的实践性知识，而且希望能改善自己的理论认识。在反思性实践中，你通过阅读获得的学前教育新观点，与自己原有的经验和认识连在一起，既生成实践者自己的知识体系，又帮助其分析自己在做什么以及为什么这样做。通过这种方式，反思性实践能为教师自身的职业生活赋予意义和权利。学前教育工作者由此发展出关于他们自身以及工作的生活哲学（Whitehead，2006）。很明显，你越分享自己的生活哲学，越对自己从实践中总结出的观点和理论自信。愈发强烈的自信和自己对“为何与何为”的认识构成教师专业化的发展历程。

6. 发展自重、自信和自尊

在学前教育领域中，反思性实践能使教师自我感觉更加有力，这是由于行动研究在研究者个人专业成长中具有引领作用。它可以使教师从自己的工作中获得越来越多的自主和愉悦，进而引发个人发展和专业发展之间的良性循环。一个让教师自己深信不疑的、值得去做的行动研究，可以改变教师的职业生涯，让其充满专业力量。当教师开始反省自己的工作，并以多种方式努力使其变得更好时，他也将从这样的过程中感受到更强大的自我，获得更多的自尊。

7. 增强儿童意识

反思性实践需要更深入地理解儿童，了解他们的思想和观点。换句话说，反思性实践更强调成人对儿童的理解和认识，也就是你原有的理解和认识。如幼小的儿童是强大的，如果成人允许，他们也可以拥有巨大的力量。这是所有成人都需要认识到的。

8. 拓展理解学前教育的视域

作为专业的学前教育工作者，教师的诸多工作都要在譬如《早期基础阶段课程标准》一类的法律、政策的框定下进行。当教师进行反思性实践研究时，教师要将对自身、自己的工作以及学前教育环境的研究置于更广阔的政策视域中。视域的改变，促使教师开始进一步的行动研究。

9. 树立和增进对研究方法的自信

开展反思性实践研究，将帮助教师获得顺利规划和参与研究的经验和知识，在自身专业发展的关键方面建立自信。如当别人引用自己的研究成果并提出疑问时，教师能自如回应。将研究成果纳入自己的知识结构并丰富自身的知识体系，或者体会到将已有的研究成果作为判断自己何为和何所为的重要依据，这都是专业的技术要求。

高质量学前教育研究的基本原则

不管研究问题是什么、研究方案怎么设计和规划，任何高质量的学前研究都需要遵循某个标准，这就是基本原则。总结起来，用以支撑高质量学前教育研究的价值和理念主要有以下方面（MacNaughton et al.，2010）。

1. 批判性和政治性
2. 伦理性
3. 保证儿童参与研究
4. 有目的
5. 设计严密
6. 通俗易懂
7. 假设可信

批判性研究的批判立场

批判性研究者自称，做研究的核心其实是尝试转换和改变人的愿望（Clough & Nutbrown，2007）。就小规模的研究而言，教师通过做研究积累自己的知识和经验，转换的目的是教师通过做研究来深化自我认识。从根本上来说，批判性研究关注的是人以及他们的机构和社会本身。

对社会正义的关注是批判性研究的核心。公平、正义、平等和尊重构成批判性研究的基石。本书第二章呈现了一些关于个体性研究的案例。在这些案例中，所有的研究者都拥有表达有关社会正义的各种观点的权利，涉及平等、父权制、对妇女和儿童暴力压迫的反抗、性别刻板以及聆听儿童的声音等。

批判性研究的重点是如何在整个研究中贯彻批判性立场。为了保持自身的批判性立场，研究者需要经常质疑自己的假设、潜在的信念，意识到存在于研究题目中的权力问题，如种族、性别、等级歧视，暴力以及在政治真空中根本不会出现的儿童权利忽视等。批判性研究要在研究者的书面表达中认识、讨论以及质疑因素之间的相互作用并评论权力滥用和不平等现象。

批判性研究需要研究者一贯保持对另类观点和视角的开放性，对某些日常术语的使用保持怀疑态度。如批判性研究者会质疑那种宁可给有特殊教育需要的儿童贴标签，却不会去增强意识形态包容性的各种想法（Booth & Ainscow，2004）。

中英儿童发展差异的批判性解读：来自李（Lee）的研究经验

阅读以下案例并思考，李原有的学前教育观念如何受到经验的质疑？有哪些原有的假设被质疑？她自身的反思性观察和疑问如何使她成为更专业的学前教育工作者？

> 李来自中国。刚到英国的时候，英国幼儿园更自由、更具探索性和实践性的教育活动深深地吸引了她。在这里，她发现许多幼儿园都特别关注儿童的情感发展，而不是认知发展。在中国，根据李的旧有经验，她曾经认为人们会更关注儿童的认知发展。比较而言，在英国，人们更注重儿童导向的学习活动，尤其是对游戏以及儿童学习风格的关注。两种完全不同的教育方式强烈地冲击着她对学前教育的原有认识和经验。因此，她想弄清楚，为什么人们对学习态度存在如此较大的差异？从这种差异中，她发现了什么？两种不同的教育体系各有什么利弊？

伦理问题是高质量学前教育研究的核心

任何学前教育研究都应将伦理问题作为研究的核心问题。从发现研究问题、提出理论假设、选择研究方法，直到呈现研究结果和向被研究者反馈，研究过程中的任何环节都持续渗透着伦理问题。任何学前教育研究都应对社会有良好的贡献，形成广泛的社会影响，并尽可能使研究者和被研究者都受益。但在实际研究中，研究者稍不留意，就可能触犯伦理禁忌。因此，研究者需要在研究过程中思考，研究方案是否对儿童发展、学前教育机构以及研究者自身的发展有益？研究主题和研究问题是不是会产生副作用？从研究一开始直到研究结束，研究者都应对研究过程中出现的任何与伦理有关的问题进行自省，看看是否存在伦理上的难点和问题，思考这些问题与儿童、教育机构以及研究者之间的关系。如研究者的研究方案如果来自课程，那么伦理问题就只需要考虑方案有没有可能被实施，而不需要考虑其他。对研究者而言，研究者从研究一开始就应该全面考虑任何可能出现的伦理问题，这样，其后的研究过程才能避免出现不利。本书第四章将重点关注研究中的伦理问题。

保证儿童参与研究的权利

儿童，越来越被看作是研究的重要参与者。保证儿童参与研究的观念会影响研究者开展研究的方式。就像儿童服务计划（Kirby et al.，2003）那样，学前教育研究者要聆听儿童的声音，向儿童请教，尊重儿童的意愿和观点。这种研究方式包含敏感察觉到儿童的意愿，使儿童主动参与到研究过程中。作为一种伦理性考量，儿童参与研究，也在改变我们对研究本身的认识。

研究必须讲求目的性

研究必须有价值性和目的性。这意味着，研究者着手要进行的研究主题应该与研究者自身或其他人密切相关，以保证研究有价值、值得做。真正有价值的研究主题不仅看起来有趣，而且研究过程也会更令人感到愉快，尤其当研究接近结束时。明确的研究目的和清晰的研究目标，能吸引更多人参与研究。

精心设计和准备的研究

任何高质量的学前教育研究都需要研究者谨慎思考研究方法。在本书第三章，我们会全面、详细地介绍各种研究方法。研究者若能广泛阅读，就能为提出研究问题、形成研究假设奠定基础。除此之外，研究者还应精心设计和安排研究进度，依照研究进度完成研究。

研究宜通俗易懂

高质量的研究应该清晰、可靠，以方便他人遵循研究计划，以进行重复性研究。换句话说，别人看到了这个研究，也能清晰了解研究者如何开展研究、为何做这个研究。通俗易懂的研究，意指研究要能让他人了解研究者在研究过程中所得出的确定结论是什么以及它是如何得来的。显然，它与研究的效度有关。

研究应具有自省性

在研究过程中，或许因为研究者自己对某个领域具有的极高兴趣以及由此形成某种力图确证的特定认识，所以某个内容会被确定为研究主题。研究者从头至尾必须站在某一个论点上。所谓自省，就是研究者清醒意识到自己在研究中极强的个人信仰、偏见和假设。非常重要的是，研究者必须在研究中清醒意识并深刻反思自己的观点与偏见，因为这些观点与偏见可能会阻碍研究者接受来自不同视角的认识。毫无疑问，对自身已有的观点与偏见保持真诚与透明，能保证研究结果的可信。在整个研究进程中，研究者需要不断回顾自己的原有观点与偏见，反思观点与偏见如何影响研究进程。对于研究者而言，时刻回顾并思考自己如何影响研究过程并进行自我反思是比较困难的。所以，研究者应该在研究过程中将那些已经察觉出的假设和偏见记录下来，以供研究者后面自省和反思。

学前教育研究中的许多问题都极富争议性，如单亲、再婚、欺负、性别歧视等，我们很难对这些问题中的答案和观点保持客观、冷静、开放的态度。如欺负既发生在儿童之间，也发生于教师之间。从情感上说，选择这个研究问题的原因较为复杂。选择欺负问题，或许是由于自己被欺负过，或许是因为认识到预防和处理欺负问题的有效方式是形成反欺负的有效策略。所以，你会了解教师以及父母亲、儿童的看法，了解他们对欺负的看法和观点，他们是不是有很多反欺负的策略和方法。或许，之前的假设会得到佐证，当然也可能是相反的。所以，回顾和反思自己的偏见与假设，尝试对他人的观点和视角保持开放性态度，才能更客观、中立地开展研究。

思考

· 关于研究问题，你已有的假设是什么？

· 你拥有哪些根深蒂固的观念？

· 自己为何产生这些信念？

思考

花一周时间，仔细研读报纸/杂志，从中收集与儿童、家庭以及学前教育有关的案例，以此为基础回答下列问题。

· 你怎样评价这个研究？

· 研究是否清晰陈述了观点？

· 以你的观点，它是否值得研究和出版？

· 谁能从该研究中受益？

· 它是否符合高质量学前教育研究的理念？

学前教育研究的基本过程

我们可以从不同的角度描述学前教育研究的过程，或者将研究看作是一个线性的研究过程，或者将其看作是一个螺旋式的循环过程。

在线性模式中，研究过程被看作是一系列有序推进的研究阶段，所有研究都必须经历这些阶段。图 1-1 明确列出了线性模式的研究阶段，它向研究者详细说明了不同阶段必须有的内容。但是，这种相对固定的研究模式可能会限制和约束研究。

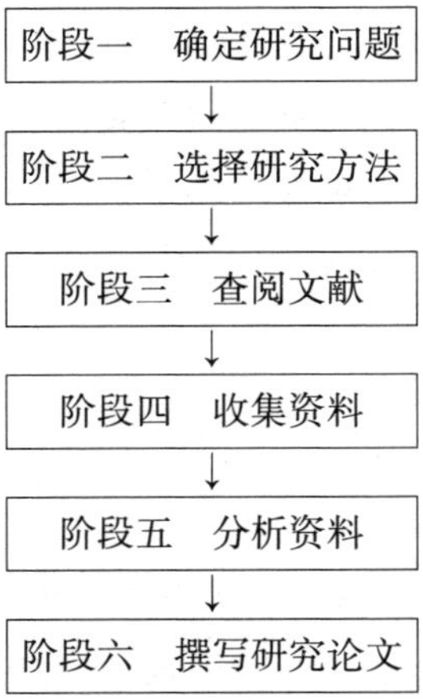

图 1-1　线性模式图

循环模式的研究过程是不固定的（见图 1-2）。它允许研究过程是灵活的，使研究方向更开放、易于变化。本书的写作便是这样一种过程，能支持研究者依据自己的研究进程，重新回看任何一个研究阶段。在这种模式中，研究过程是有机的、流动的，对研究中的任何进展保持开放。如很多研究者通常都在阅读完自己感兴趣的、某个领域的文献后选择研究主题，但事实上，阅读渗透在研究过程中的每个环节。在某个时刻，一份从

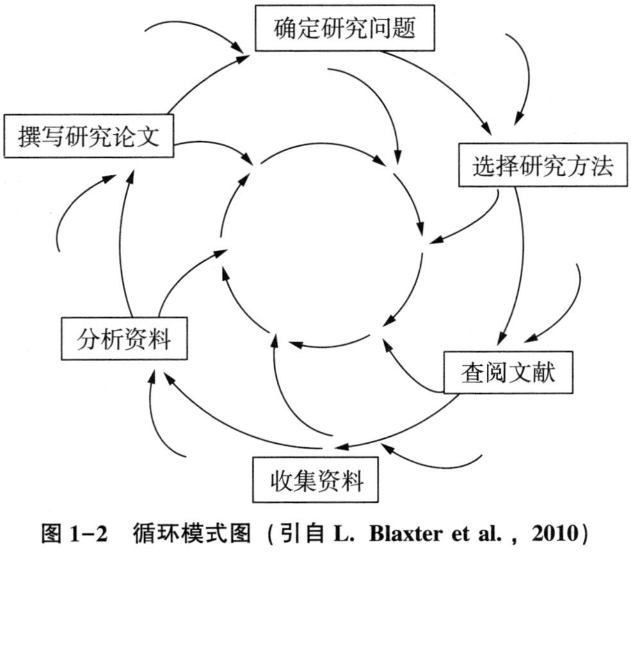

图 1-2　循环模式图（引自 L. Blaxter et al.，2010）

儿童画作中浮现出的材料或者儿童话语，或者研究团队的某个首创，都可能导致研究者重新开始阅读并提出不同的研究问题或修正研究问题。此模式最大的益处是研究者可以从任何一个点介入研究过程。

日常生活中的研究方法

不知你是否意识到，开始学习某个课程或者受雇于某项工作，其实就意味着你已经在运用许多日常生活中的研究方法（Blaxter et al.，2010）。然而，我们或许并未意识到自己究竟熟悉多少种日常生活中的研究方法。以下列举一些我们可能在日常生活中使用的研究方法。

1. 阅读
2. 提问
3. 观察
4. 倾听
5. 选择和整理信息
6. 组织信息
7. 写作
8. 反思

你或许非常擅长使用以上所列的任何一种方法，但你却从不把它看作是研究的方法。如与朋友一起度假就需要以上所列的多种能力，包括选择合适的杂志、网站和书籍，阅读信息，找到自己心仪的度假地；征求朋友或家庭成员的意见，做决定；不断回忆自己读到的信息和朋友的建议，决定在何地、何时开始假期；去旅行社问个明白，了解此次行程的目的地、花费、交通以及如何安排儿童和老人；携带合适的衣物，做好语言和经济上的准备；计算自己需要托运的行李的重量。旅行一定需要具有分类和组织能力。以上所有活动也证明，即使是旅行这样一个日常生活过程，也需要借助大量的计划、组织和努力才能完成，只是这些方法隐藏在日常行为背后，不易被察觉。下面，我们将那些你已经在日常生活中拥有的技能详细列举出来（见表1-2）。从中可以看出，如果你已经拥有筹划一个美好假期的技能，那就意味着你完全有能力成功计划并实施一个小规模的研究。

表1-2 日常生活技能与研究能力之间的对应关系

日常生活技能	研究能力
阅读	文献阅读、文献评论、文献分析
倾听	访谈
观察	科学观察
选择	取样和挑选调查对象
概括从环境、事件、电视节目、电影等方面获得的信息	管理数据
在给定的时间段内组织事件，把握现状	管理研究方案
写作	撰写研究论文
反思生活中的事件及现状	研究者的偏见

思考

设想一个能将你已有的研究能力运用进去的日常生活情境，如买一部新手机、挑选保姆、组织婚礼和购买新车等。为保证任务成功完成，请将你必须要去做的事情和为此需要具有的研究能力列成清单。

总结

高质量学前教育研究的基本原则和价值非常关键，它赋予实践者、实践者所在的机构及其所照料的儿童以话语权。本章详细说明了研究的基本过程，将那些已经在日常生活中使用过的研究能力一一阐明。随着社会生活中儿童服务的整体化和综合化，教育已经成为社会发展最迅速的部分。因此，学前教育从业者任重而道远。只有通过深入理解儿童发展的复杂性和多样性，才能满足日益增长的专业需求。小型化的课题研究必定是教师专业化发展的必由之途。

通过本章，你知道了以下内容。

- 树立自己尝试做研究的自信。
- 理解学前教育研究的价值。
- 领会研究过程中反思的意义。
- 掌握高质量学前教育研究的基本原则。
- 体会到研究是一个过程，而不是一次对或错的事件。

推荐阅读

G. MacNaughton, S. Rocfe, I. Siraj-Blatchford. *Doing Early Childhood Research: International Perspectives on Theory and Practice* [M]. 2nd ed. Buckingham: Open University Press, 2010.

这部经典著作的第 2 版为初学者以及经验丰富的教育研究者提供了非常好的指导。第一、二章向研究新手进行了深入、彻底地介绍，帮助他们理解学前教育研究的进程以及高质量的学前教育研究应该坚持的基本原则。

E. Wilson. *School-based Research: A Guide for Education Students* [M]. 2nd ed. London: Sage Publications, 2013.

这本书对学前教育研究者来说，是极其有用的操作指南。每一章都清晰地介绍并讨论了研究过程。

第二章　从反思个人经历到确定研究问题

本章学习目标

- 对个人和专业兴趣浓厚的领域进行反思。
- 深刻理解方法论才是研究的核心。
- 初步形成研究问题的能力。

从个人经历到研究故事的形成

在本章，我们要帮助教师提出一个既适合自身发展，又满足专业发展的研究问题。也就是说，教师在选择研究问题时，应尽量选择既能促进个体自身发展（核心问题），又能在自己未来的职业生涯中发挥专业作用（首要问题）的教育问题。从研究一开始，教师就要带着内心的热切期盼，采用一定的策略，选择一个合适、恰当的研究问题进行研究。若在研究中发现问题不合适并想要改变研究方向，这将是非常困难的事。

在开始选研究问题的时候，教师一定要明白，这是自己的研究。自己拥有这个研究，并为顺利完成这个研究承担主要责任。所以，做研究的最初动机一定是自私的、个体的。研究者一开始考虑的研究问题，一定得是自己在个人发展和专业发展方面遇到的、对其有浓厚兴趣的问题。只有这种原始热情的保持，才能保证研究者在整个研究过程中自始至终都积极主动，不会中途而废。

事实上，研究都是为了解决有各种内在联系的个人和专业问题，甚至有些研究问题本身就植根于研究者的私人生活中。如研究者曾经经历过的重大事件或在工作过程中遇到的关键性问题等，都会令他对这些特殊问题予以更多关注，选择与之相近的研究问题。

在一定意义上，对自己有意义的研究，就是研究自己生活中的故事。这样，选择的研究问题既有益于我们面向自己、反省自己，又能发现自己的个人兴趣。这样的反省过程，需要我们回顾自己的生活，尤其是回顾发生在我们生命历程中的关键性事件。显然，反思和回顾能够帮助研究者快速、准确地锁定研究问题，只不过反省和回顾很容易令人感情用事。因此，通过反省和回顾来提出研究问题，需要非常谨慎。

研究的方法论

方法论是指那些用以支撑研究的理念、价值、哲学以及意识形态（Clough & Nutbroun，2007）。研究者用来认知和理解自己的研究主题、建构自己知识体系的方式，就是研究的方法论。一般来说，研究者信奉多少种价值观和理念，他的研究就会拥有多少个方法论。如儿童中心的方法论、女权主义的方法论以及反种族主义的方法论等，都可能会支撑你的研究。这些根深蒂固的理念和价值观，组成你的方法论，驱使你完成自己的研究。如何才能知道自己的方法论是什么呢？通常，研究者通过反思自己的研究过程和个人经历，就可以清晰地了解自己的方法论。如假设你做研究的原因是为了凸显儿童的声音，那么你的方法论一定是儿童中心主义，这种儿童中心主义的方法论塑造着研究者如何提出问题并阅读文献、使用哪种研究方法以及如何分析数据（Clough & Nurbroun，2007）。由此可见，方法论是在塑造整个研究过程，研究者自己的理念、价值观等构成了有关研究问题的总观念。

研究故事分享

阅读以下研究故事，然后自我反思。

- 如何将研究者的个人兴趣和专业问题结合起来？
- 推动研究者进行研究的动机是什么？
- 支撑研究的方法论是什么？

凯蒂（Katy）的研究故事

我住在伦敦，男朋友是牙买加人，我们有很多朋友来自非洲或者西印度群岛。我对黑人儿童和白人儿童如何获得身份认同感、如何获得种族认同感非常感兴趣。当然，这只是我的个人兴趣。我好友的孩子们虽然只有三四岁，但却对自己的种族非常关注。他们对我的肤色和他们自己的肤色都非常感兴趣。他们认为，我的肤色很白、很漂亮，但他们的肤色却是褐色的。对于孩子们的这些认识，我确实很感兴趣。幼儿园对孩子们获得种族认同感非常重要，这是我做这个研究的原因。在这里，我听了很多有关种族问题的讲座，这些讲座让我更深入地思考种族问题，也更明白多元文化教育是多么重要。我会作为确保开端项目（Sure Start Project）的社会工作者，继续在伦敦的人口杂居区工作。非常重要的是，我了解了有关种族的所有问题，熟悉了最新的研究。这个研究方案对我的职业生涯有很大帮助。

凯蒂的方法论

由于凯蒂的研究方案与她的社会背景密切相关，所以这个研究对她既很重要，又很有意义。她对社会公平问题的关注，推动着她去关注学前教育机构中的弱势儿童。她的价值观来源于她根深蒂固的信念，即关注不公平的种族歧视问题。因此，用以支撑整个研究的方法论，便是儿童中心主义和反种族主义（Siraj-Blatchford & Clarke，2000）。

露西（Lucy）的研究故事

露西研究的是妇女、儿童以及家庭暴力。家庭暴力是一个敏感、具有伦理困惑的问题，这意味着露西的研究会受到专业限制。很显然，对于研究新手而言，直接研究家庭暴力是完全不可能的。

> 小时候，我的父亲很暴力，我几乎是伴随着对暴力的仇恨成长起来的。现在，我对这个主题很感兴趣，也特别希望能进行这个研究。今年夏天，我递交完研究计划后，开始阅读更多与之相关的资料。其实在几年前，我就咨询过相关问题。现在，我有了自己的家庭，也时常会与孩子一起讨论相关问题。对于某些问题，我确实想做更进一步的调查和分析，如从家庭暴力一开始出现到现在，哪些法律、政策和实际行动起了作用？学校或其他组织是否告诉过孩子有关家庭暴力的内容？因为我曾经是家庭暴力的受害者和幸存者，所以总想通过某些方式来帮助其他受害者。我现在正好处在可以帮助他人的位置上，为此想更深入地了解家庭暴力，获得关于家庭暴力的更多信息。虽然这只能起到一点点的治愈作用，但它确实能治愈我的伤病。我通过做研究，增长了知识，找到了一份正式的工作。我非常坚持自己所做的研究。可是，研究结果却显示，我们经常忽略孩子关于家庭暴力的立场和观点。对于如何防止家庭暴力，学前教育工作者也缺乏自信。

露西的方法论

通过研究家庭暴力，露西深化了自己对家庭暴力的认识，也促使其他学前教育工作者开始关注这个问题。从她的研究故事中可以看出来，促使她研究家庭暴力的动力，就是她对妇女和儿童不能从家庭暴力中挣脱出来的担心。因此，她的方法论基础是女权主义与儿童中心主义。这种价值导向影响着她对研究资料、研究方法的选择，也影响到研究分析的具体过程。

马克（Mark）的研究故事

我是一名残疾人，也是一名男教师。在我的研究中，我想了解其他男教师对学前教育机构的印象如何。我想通过做研究向其他人证明，我能战胜自己的身体缺陷，身体缺陷并不是什么大不了的问题。当然，性别也不是什么大不了的问题。在现实生活中，我知道身体有缺陷有时候会让人挣扎。可是，更好笑的是，性别，这个我从不觉得是问题的问题，有时候也会让人挣扎。

作为一名学前教育机构中的男教师，这个研究为我的工作提供了很好的支持。它让我理解，公众对就职于学前教育机构的男教师有哪些偏见？其他男教师如何面对这些偏见？通过研究，我对这一问题有了更深入的了解。作为一名学前教育机构中的男教师，我信心倍增，以上提及的偏见也更容易对付。抛弃别人的偏见，我也了解了其他男教师的观点和看法，这深深地吸引着我，让我将自己的注意力投入到那些有用的学习中，获得更多的自信。

马克的方法论

马克的研究围绕着一个中心点展开，那就是一名想成为学前教育工作者的残疾人如何获得身份认同。研究背景是学前教育领域中人们对性别以及残疾人权利的关注。用于支撑研究的方法论，是性别意识和对身体缺陷人士的包容（Booth & Ainscow，2004）。通过做研究，马克深刻理解了学前教育工作者对残疾人的刻板印象，获得了更多的相关知识，并在此基础上努力成为一名富有见地、充满自信的学前教育工作者。

萨拉（Sarah）的研究故事

我在一家游戏中心工作，孩子们在游戏中心结成的同伴友谊吸引着我。这些两三岁的孩子刚进游戏中心时，互相并不认识，但很快就能打成一片。他们在极短的时间里结下了深厚的友谊，每天盼望着能看见彼此。如果有人离开，他们会跟在身后追问不休。这种状况让我很吃惊。曾经有一个孩子，她叫安娜（Anna），两岁。刚来游戏中心，她情绪不是很稳定，我想方设法安抚她。另一个孩子叫梅西（Maisy），她也才两岁，也是刚来游戏中心不久。当她看见安娜的表现后，她给了安娜一个大大的拥抱，轻声说："想妈妈了吧。"这个小小的插曲，我一直清晰记得。确实，儿童在早期表现出来的同情心和互帮互助的行为，着实令人神往。我听过一个讲座，里面引用了皮亚杰的一个观点，那就是幼儿的思维是自我中心的且缺乏同情心，可是我看到的显然不是这样。为此，我开始查找有关儿童早期发展与同伴交往等方面的资料，想要弄明白究竟儿童之间如何学会快速相处、如何进行同伴交往。

我曾在小学工作过。在那里，我发现有些孩子自尊心弱，朋友很少。基于这些经历和认识，我的研究兴趣开始聚焦于同伴交往，因为同伴交往对于儿童发展，尤其是儿童良好情绪和情感的发展，都有重要的意义。

研究同伴交往的问题，使我更好地理解同伴交往中儿童情绪情感的发展以及儿童社会交往能力的发展。我对儿童能如此善于交际也留下了深刻印象。在以后的工作中，我想成为一名家庭教育咨询师。当然从短期来看，我更希望在慈善机构工作，帮助更多在同伴交往和情绪发展方面需要帮助的孩子及其家庭。

萨拉的方法论

萨拉在工作中发现，儿童在他们年纪非常小的时候，就对其他孩子的情感状态给予了关注。她觉得这个研究非常吸引人，因为这一发现与她曾经听过的讲座中提及的结论相互矛盾。儿童的社会交往能力究竟如何？她想要进行深入确证。她充分使用了参与式、以儿童为本的研究路径。方法论就是以儿童为本。这种以儿童为本的方法论引导她注意倾听儿童的声音，认真了解儿童的视角和观点（Lancaster & Broadbent, 2010）。

盖尔（Gail）的研究故事

我的儿子上幼儿园小班。他非常讨厌上幼儿园，这让我非常担心。出于对自己儿子的私心，我准备研究这个问题。我希望通过这个研究，在不久的将来，他能够幸福、愉快地学习，而不是厌恶幼儿园。

对于游戏在儿童发展中的价值和意义，我深信不疑。曾经，在幼儿园工作的数年中，我目睹了幼儿园的孩子如何在游戏中快乐成长和发展。所以，我有理由相信，我的儿子不喜欢学习，是由于他们在幼儿园的游戏活动太少。当然，我不认为幼儿园的孩子就应该手握铅笔，完成工作表中必须要完成的任务。这样的做法，我确实不能苟同。我觉得让孩子每日使用工作表并以此来完成各式各样的任务是有问题的。作为学习者，他们应该自主学习。入小学之前，他们应该建构自己的自尊心，掌握社会交往能力以及其他必备的基础能力。我觉得，只有游戏，才是儿童做好这些准备的自然之道。

《早期基础阶段课程标准》的教育理念，即基于游戏的课程构建，确实很吸引人。但是，这种基于游戏的教育理念只有被真正用于教育实践时，才算得上是真正的精彩。因此，我想通过做研究，促使教师有目的、有意识地关注自己的实践，反思自己的实践，进而将这种教育理念转化为实际的行动力量。综合以上考虑，我提出了自己的研究问题，即如何激发教师进行反思性实践，借此让教师了解到自己究竟在做什么。借助于研究，我也想让教师知道，我已经了解了他们采取的教育措施有很多不妥之处。所以，我衷心地希望我的儿子以后在幼儿园时，教师可以不再使用这种工作表。

当研究问题确定以后，我开始查资料，了解孩子在幼儿园如何学习、自己应该如何看待幼儿园以及工作和游戏之间的区别。查资料的过程激发了我的研究欲望，增强了我的研究自信。我觉得自己完全可以研究这个问题。要知道，在查资料之前，我并不能确定自己到底能不能做这个研究。

盖尔的方法论

盖尔的研究问题就是儿童权利，具体而言，就是儿童游戏的权利，这属于社会公平问题的范畴。他将自己的关注点放在自己刚上幼儿园小班的儿子身上，集中讨论了儿子在幼儿园的学习问题。根据自身的实际经历，结合文献查阅，他确定像他儿子这样的孩子应该以游戏的方式学习社会技能，这是至关重要的。盖尔对儿童游戏权持有的强烈信念，便是得以支撑该研究以儿童为本的方法论的重要表现。

撰写反思性研究日记

对自己以及自己的工作进行反思是非常重要的，因为反思的动机是生成研究的方法论基础，是确认研究有效和真实的重要组成部分。反思性研究日记可以这样来做。先给自己 20 分钟的时间，以自传体的方式迅速写下出现在自己头脑中的任何问题和观点，再经过几天或几周的课程学习，重新浏览自己感兴趣的内容，看看之前写下的问题和学习掌握的内容之间有什么联系，发现其中存在着的规律。当然，研究者也可以借助计算机，以写日记的方式来进行记录。如果这种记录的内容能持续保留下来，那么教师就可以形成自己的反思性研究日记。反思性研究日记是完全私人化、个性化的，因为是自己写的，所以完全可信。最重要的是，通过反思性研究日记的写作，教师要研究的问题可以逐渐明朗和清晰，最终形成一个个有趣的研究问题。

有时候，研究者也可以把自己和家人、朋友、同事关于幼儿园里儿童表现的讨论添加到反思性研究日记里，或者对自家孩子的表现进行讨论。其实，很多高质量的学前教育研究都源于研究者对自家孩子的关注。你可以从幼儿园儿童的身上观察到让自己感兴趣的现象，然后就这一特定的、引发自己研究兴趣的现象，与同事、朋友或家人进行讨论并进一步深入了解，在此基础上找到自己观察到的现象和自传体式的反思性研究日记之间的关系。

当前，电视、报纸、杂志、广播以及网络等大众媒体持续不断地关注和报道儿童，继而制造了所谓的童年危机。作为研究者，教师应密切关注这些讨论儿童或童年问题的文章或资料，将其内容记录在自己的反思性研究日记中。若研究者不是教师，而是学生，那么你应该将自己在讲座中或研讨会上听到的相关信息记录下来，尝试保持跟进这些问题。

研究者一方面要广泛浏览文献，充实自己的反思性研究日记内容；另一方面要注意将自己的研究兴趣保持在特定问题上，确保个人的研究动机处于整个研究的核心位置，在此基础上了解同事、家人、朋友以及演讲者、媒体、书籍等提供给你的信息。研究者要将自己获得的所有信息综合起来，在此基础上形成个人的研究问题。很明显，提出研究问题、做研究就是要这样一步步地进行。作为研究者，你必须亲自动手做，这是唯一可行的道路。除此之外，并无他法。

思考

反思性研究日记撰写的参照指标和问题如下。

- 我究竟对什么感兴趣？为什么？
- 研究的初衷和出发点在哪里？选择这项研究的原因是什么？
- 通过做研究，我想改变什么？
- 研究的背景是什么？
- 研究的方法论基础是什么？

反思性研究日记记录的大部分内容都是私密性的内容，有些内容从未跟任何人展示过。因此，写反思性研究日记，一定要重视写作中的伦理问题（具体内容见第三章）。众所周知，学前教育中的许多研究问题，都涉及敏感的伦理问题，这是学前教育研究的基本特征之一。因此，囿于伦理的界限，有些研究问题不一定公开。不过，那些已经加工过的研究故事，可以与自己的朋友或者是指导教师交流、分享。此外，为了确保私密内容不被泄漏，研究者可以在书面的研究方案中进行进一步加工，充实自己得出的结论，确认保密。

保持高水平的研究动机

研究能否成功，依赖于研究者具有的较强动机水平是否能被激活和维持。此时，研究方案是否对研究者具有深远意义，就显得尤为重要。强烈的动机水平能激发研究者努力工作。只要有想深入研究的热情和渴望，就能在星期一的早上早早地从自己的被窝里爬出来，然后工作到深夜。正如盖尔自己所说的那样：

> “如果我对正在做的事情一点儿也不感兴趣的话，那么我可能没有心思一直坐在那里并阅读相关书籍。正因为我如此感兴趣，所以我

才想要去阅读。如果你对正在做的事情非常感兴趣，那么你不会在意自己是否一直坐在那里并阅读那本你想要读的书直到深夜。为了能安心阅读，我会让所有人都出去，包括小狗在内。这实在是一个很有趣的问题。对于研究，你确实需要满怀激情，全身心地着迷于研究本身。只有带着确实想产生点什么影响的想法，才能获得成功。”

盖尔通过自己的研究，对儿子以及游戏在学前教育中的作用有了理解。就像盖尔的情况一样，许多研究者寻求对自己长期以来一直感兴趣的问题有更加清晰的认识。有些研究者为了能以这样的方式发展自己，希望对自己正在研究的领域有更深刻的认识。视野与见识的不断拓展，使研究者进一步提升自己的自信和自尊水平。发生在个体身上的小变化，可能会使他们在自己感兴趣的领域内求得一个工作职位。如露西，那个研究家庭暴力的研究者，她的最初想法就是成为一名教师。

“……但是，我现在不能获得那个工作。这个研究家庭暴力的方案，给了我在这个领域申请工作的信心。现在，我想要成为一名专管家庭暴力的公务员。因为有了研究的基础，所以当我参加面试时，我清晰地知道自己该说什么，能准确猜测他们问我的问题。当我开始正式工作以后，这个研究方案也会让我在工作中游刃有余。”

从露西的经历来看，做研究、设计研究方案，既拓展了她的见识，又提升了她在这个领域的自信心，进而帮助她在防止家庭暴力的教育项目中求得职位。在这个意义上，做研究对她有着深远的意义。

保持研究的专业发展动机

研究者在选择研究问题时，总会带有私心。如大家都倾向于选择一个对自己的职业生涯有利的问题。研究总需要研究者投入大量的时间和资源，所以选择对自己有利的问题并尽量使其对自己的发展产生影响，其实很正常。如果你尽力追求的研究目标正好是研究学前教育领域中自己熟知的某方面内容，那么接下来，你就可以组织一些专业人士会面，如保育员、教师、确保开端计划的工作人员、幼儿园管理者等，请他们从专业角度给出建议，看看学前教育中的哪些领域需要研究。露西将对家庭暴力的研究焦点放在一系列学前教育专家的建议上，这些建议丰富了她的知识，并帮她在此基础上获得一份家庭暴力与教育办公室的工作。如果你想成为一名幼儿教师，那么你需要确定一个教育类的研究问题，选择在与之相适宜的幼儿园里进行研究。如果你想成为一名演讲者或者语言治疗师，那么你必须研究与之相关的问题，选择适当的研究环境。如果你想成为确保开端项目的工作人员，那么你必须在这个重大政府项目的背景和框架下选择研究问题。道理是相通的。

如果你的个人兴趣与专家意见正好相符，那真是“天公作美”。如果你的个人兴趣与专家意见略有不同，那么你可能需要做出适当的让步，弥合你们之间的差异。如果你正在接受继续教育或是高等院校的学生，与自己的指导教师之间出现了类似问题，此时你必须与自己的指导教师一起商量研究问题，不可擅自做主。通常情况下，如果学生和指导教师意见不同，那么，指导教师会选择立足学生的想法和意见，提出合适的研究问题。被选定的研究问题很可能决定了学生未来的职业发展方向。

思考

仔细回顾自己的职业生涯，思考下列问题。

- 完成学业以后，你最想在学前教育的哪个领域工作？
- 选择的研究问题能否促进自己职业生涯的发展？
- 凭借已有的研究成果，你可以获得什么样的工作机会？
- 是否就研究问题与自己的同事、指导教师进行过深入交流？
- 是否与该领域中的专家聊过自己的研究？
- 是否向家人或朋友详细解释过自己的研究？

聚焦研究兴趣

如何才能找到一个研究者有兴趣去调查和研究的问题呢？一般来讲，研究者要阅读相关文献和书籍，浏览网站，与自己的朋友、家人和指导教师充分讨论自己的任何想法，充分利用这些资源，找到一个令自己感兴趣的研究核心观点和关键性问题。当你开始使用这些资源时，如进行阅读或参与讨论时，各种观点会显现在你的面前，研究问题变得错综复杂、难以捉摸，令人不知所措。此时，你应该使整个研究保持开放和弹性的状态，接受任何新的可能性。尤其是在研究的最开始阶段，一定要保持开放性，随时欢迎新的观点来充实整个研究。随着阅读和讨论的深入，研究问题会越来越明确、越来越集中。但是，聚焦点会经常移动和变化，甚至反思性研究日记中的深刻反思也会改变研究的聚焦点。当然，聚焦点的移动非常正常，它说明研究问题正在形成，这有益于研究过程的开展。这样的变化通常具有创造性，正好体现了研究的创新性。

一旦大致上确定了自己要去聚焦的研究范围，那么接下来要做的就是在这个大致范围内明晰自己的研究意图。一个好的研究必须具备某个特殊的、明确的诉求点。这样，当你开始做研究时，你就能很轻松地探究和获取各种指向不同的、有趣的研究路径，而这些研究路径都指向自己的研究点。这种做法非常有效。但是，这样一来，研究工作可能会跑偏，因为许多与之相关的，来自教育、健康、社会以及人类的研究会交织在一起，难分彼此。每个研究都拥有自己独特的、对于童年的诉求点。基于此，研究者必须尽可能明确研究问题。研究者聚焦研究问题的过程，可以分为以下阶段。

1. 找到自己感兴趣的大致区域。

2. 在这个大致区域内选择文献进行阅读、阅读、再阅读，了解前人关于这个研究问题说了什么、做了什么。

3. 反思自己的工作经历，同自己的家人、朋友、同事进行讨论。

4. 初步研究这个问题。

5. 尝试明晰自己在这个研究领域中比较感兴趣的研究问题。

试着在萨姆（Sam）的研究过程中，找到他的大致研究范围。

· 可供萨姆研究的四个明确问题是什么？

· 萨姆的研究问题足够聚焦吗？

· 在研究的早期阶段，你觉得这是不是一个问题？

· 萨姆怎样做才能使自己的研究聚焦？

个案研究

萨姆在当地一家小学的学前班兼职做教学助理。她同时在进修学习，计划着手做一个小规模的研究。萨姆家有三个孩子。小时候，她就对发生在家里的性别问题感兴趣。参加工作后，她特别疑惑，为什么有那么多的男孩子喜欢玩乐高积木，同时又有那么多的女孩子喜欢玩“过家家”。她的这一疑惑——关于性别问题的疑惑，在大学有关性别和童年的讲座中也曾听到过。于是，她开始阅读与性别有关的文献，一度迷上了关于天性与养育的争论。为什么男孩和女孩在这么小的年纪就有如此不同的行为表现？返回到工作中，萨姆对自己工作中出现的性别问题显得更加有兴趣。为什么所有的活动室里只有女助教和女教师，而校长却是男的？她将这一情况说给在另外一个学校工作的好朋友。结果好朋友说，在她们小镇上，只有一名男教师从事学前教育工作。这令她更加疑惑，事情为什么会是这样的？

在游戏时间，萨姆观察了男孩和女孩经常以什么样的方式选择在不同性别群体中游戏。同时，她在网络上查到了许多关于儿童同伴交往的研究。自此，她对于性别问题、同伴群体的友谊问题以及二者之间的关系产生了极大兴趣。

在活动室里，萨姆注意到有些女孩似乎更有兴趣看书或写故事，而男孩不太有兴趣。她也了解到，女孩在学前班对阅读和写作感兴趣，这与之后她们在小学二年级和六年级的测试成绩呈正相关。她隐约有种预感，那就是男孩在读写方面的能力不足，这与他们在生活中严重缺乏男性擅长读写的正面、积极的行为榜样有关。为此，她想从这些男孩的家庭生活开始调查，在此基础上寻求政策支持，并在实践中采取更积极的措施，以鼓励男孩对读写活动产生兴趣。

在上面的个案中，萨姆想要通过讨论、阅读等方法聚焦研究主题，形成明确的研究问题。她决定将自己的研究兴趣保持在性别问题上，凭借自己的工作经历、与朋友的闲聊以及查询图书和网络文献资料，产生与性别相关的研究问题。

1. 性别与同伴关系

2. 性别与读写能力

3. 性别与幼儿园里的同伴包容问题

4. 教师性别与生涯规划

其实，就问题本身而言，上面每组关系都值得研究者分别进行研究。因此，萨姆必须自己做主，看看自己究竟要在以上这些关系中选择哪一组进行更加深入的探究。

最终，通过后续的文献阅读和对实际工作的反思，萨姆在与指导教师充分讨论和分析之后，决定将自己的注意力集中在性别与同伴关系上。她之所以决定做这个研究，一方面是因为除这个问题之外，其他研究问题都显得过大、过于笼统，仅仅六个月的研究时间不足以保证她完成整个研究；另一方面，她与儿童之间已建立起良好的、可信赖的关系，所以她希望自己的研究能对儿童的性别及其同伴关系发展产生良好的影响。

思考

仔细思考自己的研究兴趣和范围，尽量使其更聚焦、更明确地指向某个特定问题。弄明白自己想要研究的问题究竟是什么。

· 在我的研究中，我想深入关注的是……

· 我考虑做这个研究是因为……

如上所述，以这样的方式思考自己的研究问题，非常有助于研究者进行研究聚焦，使研究问题集中在某个特定问题上。

研究总问题与研究具体问题

研究包含两类问题。一类是研究总问题，它整体上构建和形成研究计划。在一定意义上，研究总问题需要通过多个研究方案来解决。本章关注和介绍的研究问题，就是这样的问题，它清晰界定了研究范围。另一类是研究具体问题，它是指研究者在访谈和问卷调查中需要询问他人的实际、明确和详细的问题。本书的第六至九章将详细介绍研究者在学前教育研究中实际会遇到的问题。这类研究问题主要用来收集研究资料并回答研究总问题提出的疑问。

在研究中，确立研究总问题的意义主要表现在以下方面。

· 界定研究范围，形成研究语境。

· 明确研究目的。

· 聚焦研究问题，使研究者的思考、阅读和写作都能基于具体内容。

· 确定研究路径，对研究者需要做的工作进行分类、排序。

· 确保研究进程朝着正确方向推进。

校正研究问题：基于广度和深度

对于研究者而言，令研究问题始终保持合理并做到恰到好处非常重要但却不容易做到（Clough & Nutbrown，2007）。这意味着，研究者要在保证研究问题足够广泛和保持对研究有足够兴趣度之间形成平衡，同时又能让研究聚焦。如此，研究者才能实实在在地解决自己在工作中遇到的各类问题。这显然是个技术活。

明确、可解决的研究问题是研究工作开展所必需的，它将研究者的行动准确地带回到研究初衷上，令整个研究始终不偏离最初的方向。这中间最精彩的部分莫过于，一个好的研究问题能促使整个研究在广度和深度上均有进展。一方面，研究问题必须要有足够的广度，能将政策、社会背景等与研究相关的因素充分纳入其中。任何一项研究都需要通过这种丰富的、广泛的联系来确证研究有意义、有效、有趣。另一方面，研究问题需要非常明确、详细，如此才能保证研究目的明确，研究有足够的深度。越是明确的研究问题，越能保证整个研究不随意、很精确。当然，研究问题也需要在研究者自己能掌控的时间、人力、物力等范围内解决，所以研究必须要有可操作性，符合研究者的现时条件。当你把研究问题提交给指导教师并请他做判断时，他将检视你的研究方案是否全面并能解决所有的研究问题。可见，提出明确、可解决的研究问题是研究工作首当其冲的事情。只不过从实际情况来看，随着阅读和讨论的深入，最初提出的研究问题会继续被修改并发生变化。

思考

· 已设计的研究问题是否将其他因素纳入整个研究中，从而保证研究有足够的广度？

· 研究问题是否真正做到了明确和聚焦，以避免研究太过随意并缺乏系统性？

回头再看一下萨姆的个案。以下这些问题能让我们看到萨姆的有些研究问题要么过大、要么过小，而有些问题正好与萨姆的研究目的一致。

萨姆的研究主题：性别与读写

三个貌似过大的研究问题如下。

1. 为什么女孩阅读多，而男孩却不怎么阅读？

2. 女孩的测验成绩为什么那么好？

3. 男孩喜欢在学校里干哪种事？

看得出，这些研究问题太大了，因为这些问题没有清晰划定研究界限，而且聚焦不好，让人无法真正了解研究者究竟要做什么。最主要的问题是没有交代清楚研究的背景，如是哪里的男孩和女孩？他们居住在什么地方？若不然，以上研究问题就可能隐含着这样的假设，即这是一个关于任何男孩和任何女孩的研究。这样一看，以上这些虽然看起来是研究问题，但事实上却并没有形成真正的研究问题。第三个问题与前面两个问题没有任何关系，这就更让人匪夷所思了。

三个貌似过小的研究问题如下。

1. 杰克（Jack）的爸爸是一名教师，每晚陪他读书，这是否意味着杰克是一个不错的阅读者呢？

2. 阅读有关足球的杂志是否对杰克的阅读产生影响？

3. 杰克是左撇子这件事，会不会显著影响他的读写水平？

显然，作为研究问题，这三个问题明显太小了，以至于不能使研究兴趣保持一段时间。这些研究问题聚焦于每一名具体的男孩身上，并且对其读写发展水平做出了假设。研究如果能更广泛地涵盖儿童观点，那么它兴许还值得研究。只不过，研究问题忽略了女童的发展，而且只集中于单个读写发展的事件上，所以研究产生的意义非常有限，研究问题过小。

三个明确、可解决的研究问题如下。

1. 幼儿园的不同利益方如何认识和理解儿童的读写能力？

2. 幼儿园里的读写事件发生在什么样的语境下？

3. 男童和女童参与了哪些相似或不同的读写事件？

第一个问题揭示了读写能力的基本概念，即包括儿童、教师和家长在内的所有成员都有对读写能力的认识和理解，可以以自己的方式去定义它。这是一种开放性的观点，它表明研究者收集研究资料的趋向是多元、开放的。第二个问题表明研究者需要去探查和了解的读写事件应该发生在幼儿园里，这种认识促使研究者带着批判的眼光仔细观察发生的一切。这样，研究问题才能有足够的广度，才能允许研究者在自己观察到的关系中建立新的关系，这种做法使得读写能变得更加开放和包容。第三个问题关注读写能力发展中的性别问题。只有研究者了解自己研究的读写能力究竟是什么，研究者才能说明为什么这样以及这些读写事件发生在这样的语境中就很重要，也才会关注读写能力与性别之间的关系。第三个问题也很尖锐地指出，男童和女童可能进行着相似的读写活动，也可能进行着不同的读写活动。问题的提出，能防止研究者将所有男童和所有女童混合在一起，一概而论或者一刀切。

思考

列出三个或四个明确的研究问题。记住，列出研究问题，意味着研究正在进行，不过在你对其中某些问题产生完全信心之前，它们只是你自己想做的一些尝试。

对于已经写下的研究问题，你必须要做到以下方面。

· 持续反思该问题是太大或太小，直到你觉得它“刚刚好”为止。

· 回顾自己的研究问题，然后思考“怎么才能解决问题”，这样你就能确定回答问题前所需完成的研究任务，如去图书馆查阅文献、设计调查问卷、做访谈、观察、记日记、绘画以及摄像等。

正式研究之前的预研究

预研究是指在正式、大型研究开始之前，收集必要的证据和信息。它主要用于检验研究主题和研究问题是否适宜、研究计划是否沿着正确的方向前进（见图 2-1）。在正式研究开始之前做预研究是非常关键的。通过做预研究，研究者能了解自己的研究问题、研究思路以及预先设计好的研究方法是否明确、是否符合伦理原则以及是否切实可行。凭借预研究获得的资料，研究问题与研究计划可能会发生变化，从而可以做进一步的改动。由于预研究被看作是一个对研究问题和研究计划进行反思和回顾的过程，所以这种调整和变化于整个研究而言，就是正向和积极地调整。

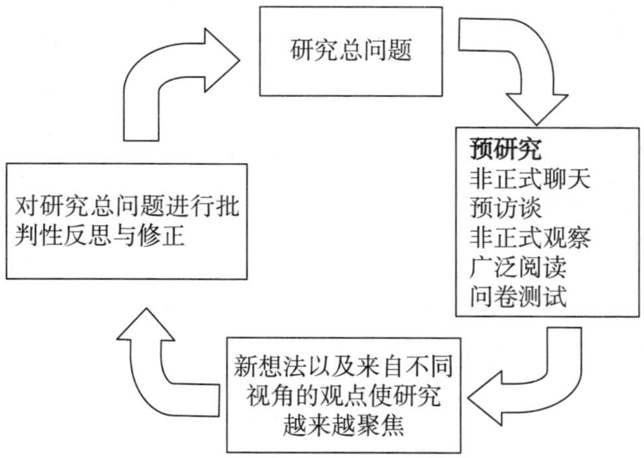

图 2-1　研究总问题与预研究的关系示意图

露西的预研究

为了做好预研究，露西与两位做教师的朋友，还有一名专门从事家庭暴力研究的工作人员，以非正式聊天的方式讨论自己的研究计划。同时，露西也预试了一下自己的访谈提纲。通过做这些工作，究竟哪些问题适合成为调查问卷的项目，在她的头脑中逐渐明晰起来。在三个开放式问题的讨论过程中，露西发现这三个问题居然有了令人惊讶的相似结果，即三个问题反映的观点极其相似。这个发现令她觉得非常有趣，并将此记录下来。同时，由于缺乏研究训练，她的知识储备不足，如无法回应那些经历过家庭暴力的儿童，无法预测反复出现的项目。如此，新出现的问题与前面的问题一起构成了露西将要发放的调查问卷的主要内容。另外，她也会对调查问卷进行分析。

萨拉的预研究

由于萨拉研究的是同伴友谊，因此她的预研究主要是在活动室里进行现场观察。通过观察和对研究问题的回顾，她意识到自己的研究问题不够聚焦。在观察同伴友谊的过程中，她发现同伴友谊与阶层关系密切，不同阶层的社会经济地位、种族、性别、自尊水平、年龄、接触情况以及自身的计划性、对儿童的回应方式、身体缺陷、能力等都会影响同伴友谊。若是对以上每个因素都进行研究，这个研究太过于宽泛。为此，萨拉迫切需要集中在其中某个因素上，以进行深入挖掘。为此，她选择了同伴友谊和性别这一问题。萨拉也清醒地意识到，上面提及的所有因素对同伴友谊产生的作用与性别相比，有过之而无不及，于是她将那些除性别之外的其他因素归为自己研究局限性的范畴，而不是彻底舍弃。

当然，这种试点观察能帮助儿童建立与萨拉的良好友谊，促使儿童学着接受和信任萨拉。这也再一次确证她以往查阅文献得到的结论，那就是儿童会将研究者看作自己的教师。同时，这将影响儿童自发地与萨拉进行交流和讨论。这促使她将绘画作为自己的研究路径，因为一旦给了儿童机会，他们就会自发、自由地画。于研究而言，这非常有利。从整个案例，我们可以看出，正式研究之前的预研究帮助萨拉找到了更适宜的研究方法。

总结

通过本章，你知道了以下内容。

· 在对自己想要研究的内容进行规划时，研究者需要有一颗激情洋溢的心和一个聪明睿智的脑袋。

· 坚持分析反思日记的核心价值。

· 聚焦并形成明确的研究问题。

· 形成研究问题的具体方法。

推荐阅读

P. Clough, C. Nutbrown. *A Student's Guide to Methodology* [M]. 3rd ed. London: Sage Publications, 2012.

第一、二章将个人问题与广泛的社会政治问题联系起来，为研究提供了科学合理的论据。这两章也为反思自己的研究过程提供了很好的案例。

M. Reed, N. Canning. *Reflectivie Practice in the Early Years* [M]. London: Sage Publications, 2009.

本书由四部分组成，与《早期基础阶段课程标准》的原则紧密联系在一起。本书提供了很多资源，旨在通过《早期基础阶段课程标准》进行反思性研究工作。本书还有很多研究案例，可以在进一步设计后成为研究方案。

第三章　学前教育研究的伦理问题

本章学习目标

- 认识到伦理问题渗透在研究的方方面面。
- 有关儿童权利的法律法规是怎么影响学前教育研究的？
- 怎样维持保障儿童参与权和保护儿童权利的平衡？
- 如何评估某一研究对儿童发展的影响？
- 有道德的研究者应该有什么样的责任担当？

儿童参与权及相关法律

在学前教育研究中，不论是法律层面的规定，还是社会学研究的视角，都认为儿童是研究中有价值的参与者（Christensen & James，2008）。因抵制纳粹在集中营的暴行而在1949年形成的《纽伦堡公约》（Nuremberg Code）中就有关于学前教育研究伦理的表述，这也成为当下制定学前教育伦理的根据所在。《纽伦堡公约》提出如下观点。

- 任何主体都需要绝对自愿地参与研究。
- 研究项目必须确保有利于社会发展。
- 避免产生对研究对象身心的任何不必要损害。

· 评估研究项目的潜在风险。

· 允许研究对象在研究的任何阶段退出（Greig & Taylor，1999）。

1989 年，为了确保儿童的教养、保护条件得到充分保障并将儿童看作主动参与者，联合国颁布了《儿童权利公约》。它提供了一个可供参考的框架。该框架由 54 条绑定在一起的法律条款组成，详细描述了如何推进儿童权利保护以及如何开展儿童福利工作。尤其是第 12 条，它与开展学前教育研究密切相关。第 12 条提出，“缔约国应确保有主见能力的儿童有权对影响到本人的一切事项自由发表自己的意见”。这一条明确规定了儿童拥有对与自己有关的事务发表看法和观点的权利。因此，对于任何可能影响到儿童的研究，儿童都有决定是否参与的合法权利。尽管《儿童权利公约》的规定并不具有法律效应，但该内容仍得到了联合国相关组织的认可。对儿童参与权的认定，明确表达出一种主流的文化价值转向，即我们基本认同儿童可以用与成人相同的方式参与社会生活，成人必须尊重儿童的参与权。对于如何在教育研究中保证儿童的参与权，《儿童权利公约》也有规定。

这里有两件事值得我们思考，那就是保障儿童参与权与保护儿童权利。当我们将保障儿童参与权与保护儿童权利放置在一起时，你会发现，尽管成人与儿童之间的力量博弈已经开始转向儿童（Kirby et al.，2003），但儿童事实上依旧处于非常弱势的位置上。为了改变儿童在研究中的弱势地位并鼓励儿童参与研究，《儿童权利公约》要求，应将从“为”儿童工作转向“与”儿童一起工作，而儿童法案委员会（Children Bill）所做的主要工作就是实际推动这一目标的实现。笼统说，儿童法案委员会负有以下责任。

> 向儿童和青少年提供咨询；积极参与儿童活动；主动发现儿童观点和看法，特别是那些不能正当地发出“声音”的儿童的观点；采取积极行动，促使他人能够参与到与儿童有关的活动中；采纳和接受儿童的观点（Harvey，2004）。

儿童法案委员会借助法律手段，进一步促使人们在研究过程中聆听儿童的声音，参照儿童的观点行事，激励那些从事青少年研究的人在研究过程中也注意倾听他们的声音，确保他们参与到研究过程中。

在《儿童权利公约》颁布后不久，英国政府在 1989 年批准通过了《儿童法案》（Children Act）。与《儿童权利公约》相似的是，《儿童法案》依然树立了这样的观点，即儿童拥有了解影响儿童福利事务的权利。《儿童权利公约》和《儿童法案》都对任何与儿童有关的研究产生了重要影响，因为它们都坚持鼓励儿童参与研究。与之相同的是，《早期基础阶段课程标准》的核心也是尊重儿童、聆听儿童的声音和观点。

社会学视角下的儿童参与权

从社会病理学的角度看，即使在现在，儿童的社会能力依然是被忽略的。尤其是当我们以这种眼光看待童年且只注意到儿童处于较低的生理年龄阶段的模式下，儿童的需要经常被围绕着他们的成人所阻碍，得不到满足。诚然，成人在为儿童说话，但是却将儿童视为缺乏社会能力和眼界的人。通常，儿童只有在完全发展为“成人”以后才能获得社会能力，因为儿童不是被教导成“人”，而是被教导成“合适的人”（Quortrup，1987）。在这种对童年的消极认识下，儿童不能怎么样，只能被看作是对研究过程不太有意义和价值的人。

近些年，儿童越来越被视作有社会能力的人，甚至是“自己生活的专家”（Langsted，1994）。在那些可能影响儿童发展的研究中，儿童日益被看作极其重要的人。研究者开始主动将儿童的理解和经验纳入其中（Kirby et al.，2003），与儿童共同开展研究的研究者也开始主动倾听儿童，认真对待来自儿童的观点和看法。马拉古兹（Malaguzzi，1996）指出，“与成人和少部分儿童相比，大部分儿童是富有潜力、强壮、有力量和有能力的”。

所谓伦理，其实与研究者的态度密切相关。如果研究者的态度是尊重和确认儿童的权利，那么研究者就有可能采用多样化的方法和路径去倾听儿童的声音。

> "如果我们成人认定儿童是有力量的，那么儿童就有能力去行动。如果我们以确认儿童有力量的方式对待儿童，那么儿童的表现将超出我们的预期。面对自己能做的事情，儿童的确能尽情发挥。因此，如果我们已选择与儿童一道前进，那么请放开他们，以真实的眼光看待他们。"（Drummond，2002）

思考

浏览一下自己的研究方案，有哪些地方允许儿童展示出他们的才能？

儿童参与和儿童保护

保证儿童参与权与保护儿童关系复杂。一方面，研究者要保护儿童，使其在研究中免于受到各种风险的影响。另一方面，研究者应该慎重考量，让儿童参与研究（Coady，2010）。从幼儿园或儿童的角度来说，参与研究可能会给儿童带来各种各样的好处。重要的是，研究者要能在研究过程中始终反思，确保这些影响是有益的，不会引发儿童产生各种不必要的压力和焦虑。

众所周知，任何研究都会给参与者带来潜在风险，不论是儿童、成人，还是研究者自己（Coady，2010）。这类风险通常都不是研究者想要故意为之的，因为没有研究者愿意在自己的研究中激怒谁。但是，即便研究者想要最大限度地规避风险，研究也可能会引发情绪问题。如果研究触及了儿童和成人的敏感点，那么研究再怎么用意良好，也依然会令儿童觉得在情感上难以接受。换句话说，研究者的良好用意如果侵扰到儿童和家人、朋友之间的关系，令儿童觉得自己或者家人存在什么问题，儿童一定会感到紧张和焦虑。此时，研究者并不熟悉儿童以及他们的生活，儿童会变得更加敏感和脆弱，研究也将变得愈发困难（Lancaster & Broadbent，2010）。

在鼓励儿童参与研究时，我们必须注意到，但凡研究都会给儿童带来潜在的负面影响。其中最大的、最有可能发生的负面影响就是在访谈时，成人将儿童的隐私公之于众。当下，与之前不同的是，越来越多富有想象力和敏感性的研究者开始倾听儿童。越是努力地倾听儿童的心声，越可能更深入地走进儿童的私密世界（Clark et al.，2003）。这样，如果儿童参与到成人的研究中，控制和影响成人，那么研究过程就可以被儿童看作是另一种观察、了解以及监管自己的生活方式，而不仅是一个研究。

研究者若是急于让儿童参与研究，采用了诸如一对一的访谈或者问卷调查等方式，而这类研究方法又并不适合儿童的身心特点，那么要求儿童参与研究就会导致研究低效，进而再次证实"儿童根本不能参与研究"的传言（Alderson，2008）。儿童参与研究的一种潜在负面影响，就是儿童参与研究实际上只具有假象意义，即这类研究通常在询问完儿童后，少有甚至不会有实际行动。也就是说，儿童只是表面参与研究。它的问题在于，如果儿童意识到自己所说的话在随后的实践中被忽略，那么儿童很快就会对自己参与研究的真相感到失望（Kirby et al.，2003）。

研究者需要在研究中承担一定的伦理责任，确保研究风险最小化。一般来说，降低风险的可行性路径就是进行风险评估，尤其是评估研究对参与儿童的潜在风险，其目标是借由评估来促使研究者深刻反思自己在研究中出现的、所有可能影响儿童的影响因素。

评估和反思研究风险

出于对儿童和研究者权益的保护，基于《纽伦堡公约》的基本条款，许多专业机构，如英国国家儿童局（National Children's Bureau），都建立了相应的伦理准则。各级学校也“依葫芦画瓢”，建立了自己的伦理准则和伦理委员会。作为学生，自己的研究方案在通过学校批准时，必须符合学校的伦理准则并以此为准绳，进行严格审核。研究论文必须对伦理问题进行说明，向读者展示研究者在对被研究者的保护上所做的伦理思考和努力。

以下问题能帮助研究者理清自己在研究中有关伦理性问题的思考。

· 研究可能会引发哪些潜在的敏感问题？

· 研究可能会出现哪些错误的走向？

· 研究会不会让被研究者产生焦虑？

· 研究是否影响到学前教育机构内的各种关系？

· 研究是否对家庭关系产生负面影响？

· 学前教育机构及其教职工是否察觉出研究对自己具有的潜在批评性？

· 学前教育机构和被研究者能从研究中获得哪些益处？

如果研究者关注到以上问题，那么研究者需要再次思考自己的研究问题。一旦发现研究中有些问题对儿童而言是敏感的，那么最可取的办法是千万不要在这个时候将儿童直接当作被研究者。囿于相关研究经验的匮乏，研究者可以考虑在后面的研究中进行调整。许多经验不太丰富、初次开展研究的研究者，都会采取谨慎的方式来处理那些可能影响儿童的问题，如寻求研究代表来代表儿童的声音、选择不在儿童身上开展研究、从已经做过的研究文献里查找内容。通常，研究者需要在自己的研究论文中明确说明为什么研究这些问题。露西关于家庭暴力的研究，就是采用了这样的方式。

研究者的情感敏感度

第二章谈到，任何研究都能让我们很好地反省自我，都会让我们下意识地关注那些有待解决的观点（West，1996）。通常，对经验不太丰富的研究者来说，研究最好紧紧围绕那些在情感上相对安全的研究问题。这样，研究者在制订研究计划时，可以将潜在风险降至最低。有些研究问题会让研究者在情感上觉得两难，觉得继续下去会有困难。如在下面案例中，露西关于家庭暴力的研究就存在这样的难点。

当露西告诉指导教师自己在做有关家庭暴力的研究并征询其意见时，指导教师通过露西的描述，逐渐理解了她做这个研究的出发点。露西说，作为一名已经成家的成年女性，她慢慢地同自己儿时经历过的家暴经历达成谅解，原谅了自己已经过世的双亲。不过，她强调，自己还是对研究中潜藏着的情感风险产生了警惕，这种警惕要求露西在整个研究过程中保持反思状态，时刻反省自己。据此，指导教师认为，露西拥有足够的反思精神，也足够成熟，有能力使整个研究继续下去。

个案研究

儿童研究的伦理反思

最初，凯蒂作为一名白人女子，想要和她朋友的孩子讨论种族身份的问题。她朋友的孩子是一名黑人和白人的混血儿，她知道有关这个孩子的很多事情。但是，基于她对研究问题的深刻反思，凯蒂觉得，她的研究可能会潜在地、无意地影响到这个孩子。她在查阅文献后得知，帮助儿童建立一种积极、健康、强烈的种族身份是一个在情感上相当复杂和敏感的话题（Siraj-blatchford & Clark，2000）。通过反思，她意识到自己并没有那样了解这个家庭，自己可能无意间已经触碰到了复杂的家庭环境。她考虑到，在这之前，她从来没把身份问题看作是一个问题，从来没意识到研究问题可能会将儿童置于焦虑不安的状态下。同时，作为一名白人女性，她自己并没有类似的种族经历，并不具有一名黑人女子或黑人男子所具有的视角。作为一名黑人，他们对激励儿童形成积极的、自信的自我形象可能会更敏感。因此，在通过深刻的反省和反思之后，凯蒂意识到，研究这个问题可能会对最初的想法产生反面影响，换句话说，研究问题可能会无意间侵扰儿童的心灵，令他们在发展自我、形成种族身份的过程中变得更加敏感和焦虑。兴许，其他更加有经验的研究者更适合研究这个内容。

最后，凯蒂决定将研究方向转向研究幼儿园如何推动儿童建立自己的种族身份问题上，而不再将研究目光聚焦在儿童身上。考虑到所有内容相互关联着的潜在风险，研究者开始关注学前教育机构以及他们做了什么，将研究聚焦点从儿童身上挪开，投放在幼儿园的工作人员、课程以及资源上，把对儿童的风险降到最低。相比儿童，幼儿园的教师作为专业的工作者，以他们对该问题的敏感程度而言，不太容易受到无意伤害。

不论怎样，凯蒂在自己的研究报告中也强调，因为种族是一个相当重要的政治话题，因此她的研究一定会令幼儿园的教师觉得紧张。现在，幼儿园已经开始接受教育标准办公室（Office for Standards in Education）的督查，看自己是否遵照了《种族关系法案》（Race Relations Act）的要求。幼儿园以及其他学前教育机构都认识到，自己有责任并且应积极推动儿童种族和文化身份的认同。凯蒂强调，幼儿园允许并接纳其进入机构开展这个研究，这在一定程度上提高了该幼儿园对任何批评和指责的忍耐度。当然，凯蒂也要无限度地为幼儿园保密，因此她在自己的报告中承诺该幼儿园将来不会被他人认出来。她向管理者和教师清晰地呈现了自己如何在幼儿园推动儿童发展种族身份的实际做法，这也是她的研究首先关注和解决的问题。由于研究报告只给自己和指导教师看，所以这种方式最大限度地减少了幼儿园的焦虑，因此他们准许凯蒂在幼儿园开展研究。

露西认识到，在研究家庭暴力这种敏感问题时，直接研究家庭暴力的受害者是肯定不可取的。因此，她没有在受害者身上直接进行研究，而是将研究范围限定在幼儿园的教师、家庭联络办公室的工作人员、社会工作者以及家庭暴力办公室的专业人员身上，这些人与该问题均保持着适宜的距离，比较客观，与他们一起讨论这些敏感话题完全行得通。

为了在自己的研究论文中吸纳儿童的观点，露西采用了非直接的方式，即通过文献检索来获取相关资料。对于经验不太丰富的研究者来说，以非直接的方式来调查这种敏感话题是非常有用的。如果研究者非常介意自己在儿童身上开展研究会牵扯伦理问题，那么从文献中查找资料是一种较为安全的选择。

参与者的知情同意

知情同意，指参与者是否自愿同意参加某项研究。参与者是否知情同意，要看与研究有关的全部信息是否全部展示给参与者以及参与者如何理解这些信息。研究者若要建立与参与者之间的信任关系，就必须获得参与者的同意，即他们同意参与研究（Alderson，2008）。与参与者建立信任关系，要求研究者必须诚实、可信地向参与者充分说明研究过程的方方面面。获悉研究的全部信息，是参与者拥有的绝对权利。即便是研究者能真诚地分享自己的研究目标、方法和成果，信任关系的建立也需要时日。知情同意在儿童研究中首次被正式提及，原因在于儿童常被视为太不成熟的个体。知情同意是研究伦理的核心部分。在儿童参与研究时，研究者需要将其转化到实际的研究实践中并认真思考儿童是否真正理解研究给予他的信息，尤其是面对非常小的儿童、有学习困难的儿童以及有交流困难的儿童。研究者应该如何让他们知情？如何获得他们的同意？（NCB，2002）

由于儿童需要自己决定是否需要参与研究，因此研究者必须反问自己，是不是将所有的信息都告诉儿童。面对个别儿童或者一组儿童时，口头解释是一种较为不错的方法。只不过研究者需要考虑，告诉儿童的那些语言和问题，儿童是不是可以理解？

· 研究是什么？
· 你想要达成什么目的？
· 儿童的角色是什么？
· 参与研究会有什么后果？会得到什么好处？
· 如何处理自己得到的儿童观点和视频资料？
· 儿童观点会被如何存档和记录？
· 如何做好保密工作？
· 儿童是否必须参与？还是可以不参与？
· 儿童是否在研究的任何时候都拥有退出的权利？（Lancaster & Broadbent，2010）

在征得儿童同意的过程中，研究者必须给予儿童足够的时间，以讨论上面提到的所有问题。

知情同意、保护隐私与儿童保护

从儿童保护的角度出发，儿童及其他参与者在同意参与研究之前就应该知道，研究的所有内容都是有限制的，都需要匿名并得到保护。对此，英国国家儿童局（2002）是这样说明的：

> "学前教育机构需要秉持保护儿童的理念，采取各种措施和限制手段来保证机密和匿名。当披露儿童正面临着的重大伤害时，或者收到了可能引发儿童遇到严重危害的事件时，研究者有义务采取措施保护这名或这些儿童。"

学校里的领导、教师都会明确说明，作为负责任的成年人，研究者有责任、有义务令儿童知情。换句话说，研究者切不可盲目自信，一定要在研究之初或研究过程中明确告诉儿童，有些"困难的"信息一旦被揭露，很难保证完全不泄密。与儿童讨论时，某些信息若需要让其他人知情，首先须征得儿童的同意。告知后，研究者一定要确保儿童能迅速得到帮助和支持，保持完全知情。一旦有任何涉及儿童保护的问题出现，研究者需要立即与同事商议在这样的情形下，什么样的做法更适宜。

思考

阅读下面的内容，回答问题：

· 作为一名研究者，简（Jane）是如何履行自己的伦理职责的？

· 依照伦理准则，简做了什么？

个案研究

在简的研究中，哪些内容与她自己对童年的理解有关？

当一个孩子开始向她讲述发生在自己家里的虐待现象时，她立即打断了女孩的讲述并告诉她，如果她继续讲述下去，那么简可能需要将这些事告诉其他人。女孩表示能接受，于是继续讲述。

简随后将这件事告诉了班里的教师和领导，继而发现，这名女孩是一名潜在的家庭暴力受害者，现已处在学校的严密监管和社会服务之下。

另一个特别的案例是，一个男孩持续不断地提供有关死亡和去世的信息，简不知道该怎么帮助他。于是，经过他的允许，简将这个消息转述给了班上的教师。但是，简的伦理承诺并未到此结束，因为她必须确保对此采取了明确措施。

简很敏感地意识到，对于这个男孩来说，这是一个未被解决的情感问题。在征得男孩的同意后，简将这个消息讲给班上的教师和领导。教师告诉简，这个男孩最近因为丧父而倍感痛苦。于是，学校试着联系了男孩的妈妈，并询问她可不可以让孩子接受进一步的咨询。男孩的妈妈同意了这个提议，男孩也进一步接受了有关丧父的咨询和治疗。可见，在提醒人们关注这名男孩情感需要的过程中，简的情感敏感性是十分重要的。

儿童知情宣传页

在研究中，研究者可以向儿童直接描述研究的相关情况，除此之外，也可以选择以儿童喜闻乐见的宣传页的形式，罗列出儿童参与的这个研究的研究计划和大纲，以及期望儿童参与研究后做什么（Alderson，2008）。通常，年龄较大的儿童可以自己阅读宣传页，年龄较小的儿童则需要额外的帮助。在儿童阅读完宣传页后，其父母（监护人）需要决定是否允许他们的孩子参加该研究。即便是儿童自己还不能阅读，将有关信息写在宣传页上并与儿童一起阅读，也是一个不错的办法。研究者在表述宣传页上的内容时，可以对研究的实质和目标有更清晰的认识，从而提高研究的规范性，并易于向儿童和成年人解释说明（Alderson，2008）。在后面的介绍中，简将自己的研究方案明确表述出来并印在宣传页上，任由儿童和成人阅读、了解，这就是简履行其伦理义务的重要步骤。

在这种全纳和参与式的研究过程中，研究者要时刻反省自己有没有无视或者忽略伦理行为。为此，奥尔德逊（Alderson）梳理了研究者可能忽视伦理问题的部分行为，包括如下内容。

· 不尊重秘密和隐私权。

· 隐蔽观察，如通过单向玻璃观察，悄悄地做个案、拍视频以及录音。

· 在未改变儿童姓名、隐藏其身份的情况下，公开谈论儿童。

· 假设儿童还不具备与研究者谈话的能力。

· 仅向成年人（父母、教师）询问有关儿童信念和行为的观点，不询问儿童。

· 仅向儿童提出负面的、标准化的问题，而不是关注每名儿童的长处、才能以及独特个性。

· 使用成人中心的调查问卷，如问“你在家庭中的地位如何？”等这样的问题，致使儿童看起来很“愚蠢”。

· 不问缘由地为儿童贴标签，使得他们的行为和观点具有某种意义。

· 在实验室测试儿童，无视儿童因为进入奇怪环境而产生的焦虑、注意力分散等情况，这实际降低了儿童的能力水平。

· 使用惯常的、令人不舒服的研究方式，如当母亲突然离开时，只留婴儿和陌生人在一起，测试婴儿对陌生人的忍耐性。

· 欺骗儿童，如在不说明理由的情况下，告诉儿童不能触碰周围的任何事物，但却秘密观察儿童大概在多久之后违反了规定。

· 试图说服儿童。

· 用惩罚性结果强化儿童的负面刻板印象。

个案研究

简的研究关注到当下人们对童年的认识。她采用了将宣传页分发给儿童并与他们一起阅读的方法。阅读完下面这个专门为儿童设计的知情同意页，尝试为自己的研究制作一份知情同意页。

知情同意页

童年研究

我们设计和制作这个知情同意页，是要回答你想要问的各种问题。如果你愿意，你可以将它交给你的爸爸妈妈看，不过，你也可以不给他们看。

什么是研究？

研究有一点点像探险。它是调查某个特定主题、收集相关证据的过程。通过研究，你和其他人可以获得更多的信息，帮助人们更好地理解这个主题。

研究什么？

回答这个问题前，最好给你一个我们将要讨论的例子，如什么是童年？童年截至哪个年龄段？作为一名儿童，最好的事情是什么？最坏的事情是什么？你最喜欢做什么？你最不喜欢做什么？儿童和成人之间的区别是什么？儿童和成人哪个地方比较相似？你着急长大吗？

为什么会邀请你参加研究？

因为我不是儿童，所以我确实不了解今天的儿童是什么样的。能告诉我童年什么样的最佳人选，一定是当下正在经历童年的人，那就是你。在童年这个主题上，你是当仁不让的专家，你的观点对我们非常重要。

你将会做什么？

你将参加以下三种不同的活动。

a. 调查问卷。这是一组用来询问你有关童年认识的问题。你需要完成一些图表任务，要自己完成。记住，它不是测试，回答没有对错之分，只是想要了解你是如何思考的。

b. 设计一张有关童年的海报。要求你从家里寻找一些制作海报的素材，然后以小组的形式完成任务，每个小组成员都需要和我描述你们的海报内容。

c. 与我一起讨论童年。这个讨论出现在两个人、三个人或者四个人组成的小组内，目的是讨论那些在调查问卷和海报中出现的观点。

研究中还有谁？

调查问卷可能会发给你的父母，了解他们关于童年的看法。我自己也会查阅报纸、收听广播并收看电视，了解他们如何谈及儿童和童年。

你会参加这个研究吗？

你可以决定自己是否参加。不过，我真心希望你能参加，发现其中的乐趣。这是一个我了解你以及了解你提出的观点的最好机会。

你说的话会让别人知道吗？

我需要和其他人讨论这个研究，我也需要将这些话写下来。但是，没有人（包括你的老师和父母）会知道那些话是谁说的。即使你告诉我那些让我很担心的事情，我们也可以一起商讨怎么办，而不会让别人知道。

非常感谢你了解这些！如果你还有其他问题，请将它写在背面。待你看见我时，亲手交给我。

（资料来源：Cox，2005）

如前所示，研究者若采用忽视伦理的方式，人们可能不会接受研究者的邀请，致使研究结果差强人意。这有可能强化人们固有的关于儿童没有能力参与研究的刻板印象。让人不能接受的是，这种研究方式可能会使人牢牢记住关于儿童的各种负面消息。在接下来的内容里，我们将讨论如何做才算是在研究中尊重了儿童。

与儿童建立包容、尊重的社会关系

克拉克（Clark）强调，倾听儿童是研究伦理的核心。

· 倾听意味着对儿童权利的确认，保证与儿童有关的事实和问题都得到严肃对待，采纳儿童的观点。

· 倾听可以加深人们对儿童优先权、兴趣和关注点的了解。

· 倾听能区分出成人看待儿童和儿童看待自己的认知差异。

· 倾听能推进学习的进程，帮助成人在工作中与儿童建立起相互尊重的人际关系。

通常，父母、教师能自如地回应儿童的变化、满足儿童多样化的需要、改进照料和服务的质量，因为他们对儿童生活有较为清晰的认识（Lancaster & Broadbent，2010），但这并不意味着儿童在研究中是“独唱者”。相反，倾听儿童，意味着儿童的声音、儿童的视角要和父母、教师一样，都被囊括在研究中，共同发挥作用。

根据研究（Lancaster & Broadbent，2010），倾听儿童的起点是形成一种包容性的社会关系。这种人际关系的关键是尊重儿童，承认儿童拥有一定的社会能力和智慧。在相互尊重的研究关系中，儿童被看作是有能力的人，能对影响他生活的事件提出有效的、有价值的视角和观点。人们并不会因为儿童的年龄而限制其潜在能力和可能性的发挥。

相互尊重的研究关系建立在完全知情同意的基础上，力图以某种适宜的方式来缓和研究者和儿童之间的力量差异，而不是去减弱研究者拥有的力量。换句话说，研究者和儿童在研究中面临的最大伦理挑战，就是成人和儿童在地位和力量对比上的巨大悬殊（Morrow & Richards，1996）。在许多研究中，由于成人和儿童之间关系的天然不对等，因此从儿童的年龄出发，成人在研究儿童的过程中带有权力性（Mayall，2000）。成人拥有的权力，其实跟成人与儿童之间的关系有关。在这样的相互关系中，成人以不同的方式对儿童承担责任，而这又会影响取证的质量和可信度。若是在这样的关系中，儿童必定会将答案提供给自己认为力量更强的成年人，如研究者。相关内容将会在第七章介绍。

思考

- 研究中，成人的权力是如何发挥的？
- 研究问题和研究方法是否适合于儿童？
- 研究方法如何对成人与儿童之间的力量差异形成挑战？
- 儿童的知情同意怎样减弱研究者和儿童之间的力量差异？
- 有什么方法能缩小你和儿童之间的力量差异？

思考

在征求儿童同意的过程中，讨论以下这些问题。获得儿童的知情同意，是一件非常复杂、难以确定并且没有清晰答案的事情。真正的答案更多地依赖于研究实施的上下文和情境性因素。

· 如何将儿童纳入研究设计？

· 如何向儿童通告整个研究进程？

· 儿童赞成哪种通知方式？

· 如何让儿童告诉研究者，他们不想再参加这个研究？

· 当儿童不想参加这个研究时，他们是否觉得自己能说出来？

· 如何让儿童理解他们拥有选择退出研究的权利？

· 研究者与儿童之间的关系需要具备怎样的特性，才能让儿童在选择退出时有足够的空间？

· 能否缓解研究者和儿童之间的力量差异，让儿童获得更多的研究自主权？

· 怎样结束研究比较合适？

· 和儿童一起展示研究结果，还是将研究成果展示给儿童？

· 研究会改变儿童的生活吗？

· 采取行动会带来什么样的结果？

关于知情同意，奥尔德逊提出以下问题。

· 研究者是不是应该像征得父母同意一样，先征得儿童的同意，即便他才 6 岁？

· 当儿童想要参与研究，但父母拒绝时，研究者该怎么办？

· 教师是不是非常乐意并允许研究者了解所有被观察儿童的表现？

· 在一两名儿童拒绝参与的情况下，怎么在全班范围内开展研究？

· 如何减少儿童被迫参与研究的风险？

· 如何减少儿童被剔除出去或不准确表达的风险？

知情同意是一个持续性过程

《早期基础阶段课程标准》提出，要倾听和尊重儿童的观点。即便是年龄很小的儿童，他们也能够通过各种方式来表明自己到底喜欢还是不喜欢参与研究。因此，征得儿童的知情同意，不是一次性事件，而是一个持续不断的沟通和协商的动态、微妙的过程（Martin，2005）。某天有名儿童参与研究，但第二天却改变了注意，不想再参加，这对研究者来说，着实令人生气。但对于儿童来说，在某个特殊的时刻不想再参与研究是很正常的，应该得到尊重和理解（Lancaster & Broadbent，2010）。下面为我们展示了研究者如何在研究中就儿童参与问题与多方人士或机构进行持续不断的沟通和协商。

与“门卫”协商并达成一致

“门卫”即负责人，是指那些真正允许研究者进入机构并开展研究，或者阻止研究者开展研究的人员，如幼儿园的管理者、主要工作人员、教师以及儿童的父母。“门卫”像守门员一样，守卫着他们的教育机构，守卫着他们的孩子。研究者想要在机构中进行研究，就要获得“门卫”的同意和信任。或许，“门卫”也可能是研究的重要参与者，需要对其进行访谈和调查。不管他们是幼儿园的管理者还是儿童的父母，要想获得他们的许可，研究者都需要将所有与研究相关的信息提供给他们，让他们了解。

一般来说，教育机构会和儿童的父母、监护人一起查看研究项目的相关信息，看看能否接受研究者，准许其在机构内开展研究。需要强调的是，教育机构准许或不准许研究都不具有法律效应，因为他们只扮演着代理父母的角色，不是真正的监护人。事实上，他们经常在教育机构内代行父母的职责，允许或不允许进行研究。然而，不管在哪种情况下，研究者都需要征得儿童的同意。教师的首肯或者管理者的首肯，不能被假设为是和每名儿童的首肯同时发生的。通常情况下，与研究相关的全部信息应该全部呈现给儿童，他们的知情同意应该和“门卫”的知情同意一样重要。教育机构应该允许研究者向儿童发放征求意见信，如下面所列的这封信，由儿童将这份征求意见信转交给父母，以决定是否参加。

征求意见信（样例）

史密斯敦托儿所（Smiletown Nursery），阿普敦（Uptown）

2011 年 10 月 23 日，星期二

亲爱的父母：

我是从阿普敦学院（Uptown College）来的学生，叫海伦·琼斯（Helen Jones）。我计划和孩子一起做一个小范围研究，了解史密斯敦托儿所如何促进孩子的情绪发展。对于托儿所来说，这个研究很有价值，它能让我们以一个更好的、更新的视角去审视我们的工作，以便更好地促进孩子的发展。

研究分为三步。首先，咨询孩子一些问题，了解孩子喜欢这里的什么，不喜欢这里的什么。其次，与孩子一起阅读故事，进行即兴创作。最后，进行绘画和涂色。

请和孩子一起阅读这封信，讨论可能遇到的问题。如果您乐意孩子参与到这个研究中，请在下面签上您的名字，并将信件返给我们。

此致

敬礼

海伦·琼斯

我很高兴我的孩子__________参与以上研究。

家长签名：__________

个案研究

海伦的研究主要关注的是该托儿所究竟如何促进儿童情绪情感的发展。海伦选择在该托儿所进行研究，是因为该托儿所最近刚被认定为优质学前教育中心，他们有能力承担这个研究。刚开始，海伦给管理者写了信，表明了自己的身份、研究目的，试图获得托儿所的准许。管理者在职工会议上转达了这一请求，经大家商议后决定，准许海伦进入托儿所开展研究。其他职工建议管理者，应该给每名家长写一封信，描述该研究的基本状况。如果家长同意，可以在信的下面签名并返回。结果，半数家长反响强烈。

接下来，海伦电话联系了管理者，双方敲定了推进会召开时间，进一步讨论研究细节，听取管理者的意见。最终，托儿所同意海伦每周在托儿所参观一天，持续五周。

海伦和托儿所的工作人员一起向儿童说明，因为儿童的父母同意他们参加这个项目，所以海伦才能来到托儿所了解儿童究竟喜欢什么、不喜欢什么。这个过程使得托儿所瞬间变成了友好、温馨的场所。部分儿童说，他们知道这个项目，是因为妈妈给他们说了这件事，并且告诉他们可以参加这个项目。海伦询问儿童最想做什么，因为这有助于海伦更好地了解托儿所。一名儿童建议，他们可以告诉海伦自己喜欢和不喜欢的事情。另一名儿童建议，他们可以给海伦画出来。海伦回应，她会和儿童一起做这两件事。还有一名儿童询问，能不能给托儿所带一些玩具？随后，海伦与这名儿童组成了一个小组，共同讨论并仔细查看玩具目录，看看儿童究竟想买哪种类型的玩具。

今天，儿童知道了海伦要给大家读一个名叫《蓝袋鼠》（*Blue Kangaroo*）的故事，她要求大家用指偶来复述故事。三名儿童和海伦一起来做这件事。海伦告诉这三名儿童，她会用录音机录音。如果不想录了，他们可以在任何时候关掉它。然后，他们开始摆弄这个录音机，录下了一些有趣的声音。海伦告诉儿童，只有她会听到这个录音。如果遇到困难，她会将这个录音给其他工作人员听。儿童表示没有问题。

第二周，当海伦再次返回托儿所并告诉这三名儿童，她今天想组织一个绘画活动时，简和伊莎贝尔说她们不想参加，因为她俩想和朋友们去户外玩。简和伊莎贝尔明确表达了自己的态度。海伦尽管很失望，但她还是尊重儿童选择退出研究的决定。因为有其他儿童要求参加这个活动，所以，她很自然地准许他们参与研究。

研究结束时，海伦交给托儿所一个小册子。小册子内容是她和指导教师认真讨论过的，因为这样的小册子在写作时需要相当的仔细和谨慎。海伦也将自己最主要的研究发现口头分享给儿童，仔细聆听了工作人员和儿童对这些研究发现的评论，因为她想要知道自己对所见所闻的解释能否被工作人员和儿童接受。为了感谢托儿所对研究活动的支持，她为托儿所带来了一面大鼓，供儿童玩耍。同时，她向参与研究的工作人员和儿童发送了电子版的感谢信，向管理者赠送巧克力以示感谢。

在研究中，海伦向儿童逐个解释和说明自己的研究是干什么的。对于这些儿童来说，这样的解释非常有用。但是，她也意识到，不是所有的儿童都能理解她在讲什么。海伦没有预料到，在儿童每参加一个研究活动时，之前谈好的知情同意内容都需要重新协商。当然，海伦也很尊重儿童想要为托儿所购买玩具的建议。经工作人员的同意，她和儿童查看玩具目录，看看他们想要买什么玩具。结果，大多数儿童选择了乐器。这样的过程令儿童看到，对于他们提出的建议，研究者是严肃认真对待的。

给“门卫”的许可信

研究之初，研究者应该给“门卫”递交一份许可信。如果研究者是学校的学生，那么许可信的抬头还应该详细标明教育机构的相关信息，以示正式。许可信必须要让所有的“门卫”和参与者知道这是谁的研究、应该怎么联系。具体来说，许可信应该包括以下内容。

1. 研究者的身份

＊研究者的姓名

＊联系地址或其他详细信息

＊资助该研究的组织或结构的名称

2. 项目相关信息

＊研究问题

＊收集资料的方法

＊对教育机构的潜在益处

3. 参与者

＊参与者需要做什么？

＊花费多长时间？

4. 数据资料的保密和安全问题

＊研究者会收集哪些数据和资料？

＊研究者如何处理这些数据和资料？

＊数据和资料会被保存多长时间？

＊谁会看到研究论文？

＊研究资料如何保密？

许可信举例

下面的例子为我们展示了学前教育专业的学生在征得幼儿园同意时需注意的问题，如在许可信中详细介绍自己作为研究者的身份，直截了当地说明研究目的和参与研究的所有人员可能会被要求做什么。语气要非常诚恳，但又要不卑不亢，对研究充满信心，同时介绍自己的研究计划，也要明确幼儿园参与研究可能会获得的益处。如此，对方既了解了情况，情感上也更容易接受。

阿普敦学院
阿普敦路
阿普敦
2011 年 9 月 27 日，星期一

亲爱的史密斯敦托儿所所长约翰·史密斯（Jone Smith）先生：

您好！

我叫海伦·琼斯，是阿普敦学院毕业班的学生，就读于学前教育专业。之前，英国犯罪记录局（Criminal Record Bureau）已经查看并证明了我的个人背景。根据最后一学期的课程规定，我需要开展一个小型研究，完成 6000 字以上的研究报告。由于史密斯敦托儿所是优秀学前教育中心，因此我想到贵所开展研究，研究主题是托儿所如何促进儿童情绪的发展。

我的研究问题聚焦于那些托儿所了解的、正在使用的各种用以促进儿童情绪发展的方式。我将通过和您以及贵所的工作人员的访谈，观察整个托儿所的实际状况来收集资料。每次访谈的时间大概持续半小时。我也特别希望能和儿童一起进行讲故事、玩木偶、绘画和涂色等活动。当然，所有的纸张、图书和材料都由我来提供。基于以上，我特别想知道您的想法。

在整个研究过程中，我会及时告诉您研究的进程，在研究结束后给您递交一份研究成果复本。我深切希望我的研究能鲜明地突出史密斯敦托儿所在促进儿童情绪发展方面所做的努力，也希望我的研究能为托儿所发展提供帮助。

学校的指导教师会看到我的研究报告，但请您放心，整个研究是匿名的，托儿所的名称、参与研究的所有人员的名字都不会被看到。非常感谢您能抽时间阅读我的信，我希望很快与您电话联系，看看有没有可能与您进一步商量相关问题。您可以随时和我联系，我的电话号码是 08978 456372，我的电子邮箱是 pj2@ uptown. ac. uk.

此致

敬礼

海伦·琼斯

这是一位学前教育专业的毕业生承担的一项独立研究项目。与所有来自阿普敦学院的研究者一样，学生将严格遵守相关的伦理准则。研究方案已通过学校研究伦理委员的审核和评估。

特此证明。

此致

敬礼

加里·希尔斯（Gary Hills）

加里·希尔斯，学前教育系主任

电话：0188 56662

电子邮箱：GaryHills@ uptown. ac. uk

教育学院学前教育系

研究者在获得研究许可时需要谨记，自己无权擅自进入任何一所学前教育机构进行研究。若有负责人允许自己进入并开展研究，那真是帮了研究者的大忙。任何学前教育机构在准许研究者开展研究的同时，也提高了自己的警惕性和敏感性，但无形中也给他们带来了不便，因为他们并不能绝对保证研究者的语言、行动以及从学前教育机构收集的数据资料绝对安全。基于以上种种缘由，研究者在学前教育机构内进行研究时一定要相当小心和谨慎。

征得学前教育机构同意，是做研究的前提。事实上，他们可能会以各种理由拒绝研究者的申请，如太忙了或者关注的问题对学前教育机构来说太敏感了。学前教育机构本身也处在各种专业部门的监督和管理之下，研究者的研究项目会被视为潜在的威胁，对学前教育机构的日常生活造成干扰。所以，当学前教育机构拒绝研究者的申请后，不管出于什么原因，研究者都要另选别家，寻求其他学前教育机构的支持。如果有学前教育机构欢迎研究者进行研究，乐意为研究者提供合作和学习的机会，那么在某种程度上，他们一定是看到了该项目带给机构的益处。

研究者应该找到“门卫”，即学前教育机构的负责人，将自己的申请正式递交给他。如果你恰好在这个学前教育机构工作过，或者有亲戚在学前教育机构里工作并拥有一定的职位，又或者研究者的孩子正在该学前教育机构就读，那么研究者很容易和学前教育机构的“门卫”取得联系，申请也变得容易通过。即使这样，研究者也需要向学前教育机构提交正式申请书，保证程序合理。

即使学前教育机构的管理者支持研究项目，研究者也需要谨记，他们有权在任何时候中止研究计划。也就是说，准许研究并不意味着一劳永逸，很多事情都需要在进行过程中做进一步的沟通和协商。所以，研究者在任何时候都要着装得体，对参与者以礼相待。假使研究者要在某个特定的早上进行观察，但整个托儿所看起来很忙，同时对研究者也不是那么友好，那么请果断地解除约定，以后再进行观察。请一定这么做。不论付出什么样的代价，研究者和参与者之间的信任都需要被完好地保留下来，不能遭到破坏。

反馈结果并结束研究

从伦理上说，把从参与者身上获得的信息反馈给他们，是很有意义的。研究者将部分研究结果反馈给儿童和其他工作人员，进一步表现了研究者愿意倾听、承认他们的观点并愿意将其展示在研究结果中。通常，在正式将研究结果反馈给学前教育机构之前，研究者需要与自己的指导教师认真讨论即将要分享的内容。研究初级且小规模，研究者恐怕没有资格公开地评论某个学前教育机构。除非必要，研究者也不能把由学前教育机构提供的资料交由他人评价和判断，这是研究者的伦理职责之一。如果学前教育机构要求研究者这样做，那也需简单询问其想要进一步研究的问题是什么。

当然，研究后进行反馈，也是研究者借机向参与研究的儿童和工作人员致谢的绝佳时机。赠送一张小卡片或一个小礼物，显得研究者相当得体有礼。表达感谢的意义在于，虽然研究者并不清楚何时再回来，但这一举动意味着研究就要结束了，要让儿童和工作人员知道，研究接近尾声。在多数情况下，研究者和儿童之间会在研究中建立起良好的合作关系。致谢的出现，就是让儿童意识到，这种关系很快就要结束了。

个案研究

在与两岁的儿童相处了几个星期之后，帕姆（Pam）和儿童的关系变得非常密切了。一天，一名叫作约翰（John）的儿童告诉帕姆一个令人无法接受的消息，他的父母在一次车祸中去世了。

这个消息着实令她震惊。在研究结束后，她花了非常长的时间来中止她和约翰之间的关系。越了解孩子，和他们的关系就越密切。其实，约翰表现得非常坚强和坚韧。在各种各样的困境里，她一点一点地见证了约翰的内心逐渐强大。说实话，在这种情况下，帕姆很难在研究一结束就与儿童说再见。

在学前教育机构中，研究一结束就画上完美的句号，对研究者和参与者双方来说，都是有利的。

棘手的伦理问题

对于某个特定研究来说，其间掺杂着的身份和人际关系一定是独特的，由此面临的伦理准则和困境也是独特的。任何研究都要置于某种特定的语境中来考虑。下面的个案向我们展示了基于某种研究情境和问题而产生的伦理问题是什么。

在这个个案中，母亲起初同意研究儿子的绘画作品。然而，在思考之后，这位母亲觉得，自己不能判断这个研究在伦理上是否适宜。阅读下面的案例并思考：如果你处在这名母亲的位置上，你会怎么做？鉴于研究中出现的伦理困境大多是复杂和难以解决的，所以研究者需要在研究中自始至终地反思伦理问题。对于研究者来说，他需要在研究中持续不断地反思自己正在做什么、为什么这么做。作为反思的一部分，研究者需要灵活调整自己的行为，以免因自己的行为而影响研究进程。

个案研究

一名母亲同意研究儿童对自己种族身份的认同程度，因为她四岁的儿子是一名混血儿。最初，她决定收集儿子的绘画作品，将其作为资料的一部分。然而，这些画作和与之相伴的谈话都有了明确目标，即指向这样一个事实，即四岁男孩的身份相当复杂，画作理解起来很困难。如男孩拥有一头卷曲的头发，但在自己的画作中，他经常将头发画成直发。他母亲强调，这个男孩是根据绘画的情境需要来绘制头发的。当他画的是自己和有直发的白人男孩在一起的时候，头发就会画成直发。当他画的是自己和混血孩子在一起的时候，头发就会画成卷发。这样的画作被母亲演绎为儿子试图表明自己拥有双重身份，既是白人也是黑人。从母亲的视角来看，这些画作表明男孩对自己的双重身份相当敏感和敏锐。随后，母亲征求了男孩的意见，看看能不能将这些画纳入研究中并展示给其他人看，男孩表示同意。

当母亲准备将这些作品交给研究者时，他回顾了儿子绘画的整个过程，这些画都是男孩在自家餐桌上与妈妈一起完成的。在反思的过程中，母亲发现自己和儿子共同创造的这些内容是多么隐私、机密和敏感。她反问自己，儿子真的想让这些秘密被别人阅读，甚至公开讨论吗？他生活的城市那么小，即便采用匿名的方式，人们或许很快就会猜到这些画是谁画的。为此，这名母亲思忖良久。作为孩子的母亲，儿子肯定愿意向妈妈讲述和展示自己生活的某个侧面，但有可能不愿告诉其他人，如自己的老师。在那一刻，这名母亲意识到，即便是出于专业发展的需要，她也不想以任何方式去泄露她和儿子之间的秘密。她担心儿子长大后会认为做的这些事其实是在利用他。

伦理检核表

进行联系

· 写信给学前教育机构的负责人，如写信给幼儿园负责人或主班教师，描述自己的研究目的和方法；也可以将信提交给其他工作人员，或提交到职工大会上审议。当然，也可以将信提交给政府，以获得政府的同意和支持。

· 写给儿童父母亲的信，需要简单概述研究目的和内容，同时附上学校准许研究的证明，要有家长的签名。

知情同意

· 与儿童不断地进行口头协商。

· 向年龄较大的儿童印发宣传页，与其进行口头协商，向其解释研究的目的以及希望其做什么。

· 给幼儿园的其他员工展示自己向幼儿园负责人提交的申请信，和他们说清楚研究目标、资料收集处理、资料保密等一系列问题，征得他们的口头同意。

总结

通过本章，你知道了以下内容。

- 倾听儿童声音的法律意义和社会意义。
- 研究者的伦理责任，包括知情同意、保护隐私以及保护儿童。
- 研究者在征得儿童同意过程中存在的复杂性和可行性。
- 几乎解决不了但又需要研究者深刻反省的伦理困境。
- 向参与者反馈研究成果的重要性。

推荐阅读

P. Alderson. *Young Children's Rights*：*Exploring Beliefs*，*Principles and Practice* [M]. 2nd ed. London：Jessica Kingsley，2008.

这本书对儿童和人类权利的一些关键性问题进行了权威解答。对于实践者来说，由于它直接指向环境背景，所以它非常有用。这本书还提供了大量让人惊叹而又兴奋的研究案例，对你的思考会很有帮助。

G. MacNaughton，S. Rolfe，I. Siraj-Blatchford. *Doing Early Childhood Research* [M]. 2nd ed. Buckingham：Open University Press，2010.

本书某些章节对学前教育研究的伦理问题进行了详细深入的综述。它既涉及伦理研究中对文化问题的深刻讨论，又包括如何给伦理研究委员会提交议案等。

第四章　研究设计

本章学习目标

- 如何规划和设计研究方案？
- 怎么判断方法论与研究问题之间是否一致？
- 了解定量和定性的研究方法。
- 考虑研究取样的问题。
- 知道三角互证法是如何验证研究结果的。
- 熟悉行动研究、个案研究及调查研究。

什么是研究设计？

研究设计是一个将研究问题与研究数据连接起来的过程，包括确定研究的方法论、选择研究方法、收集以及分析数据（见图 4-1）。

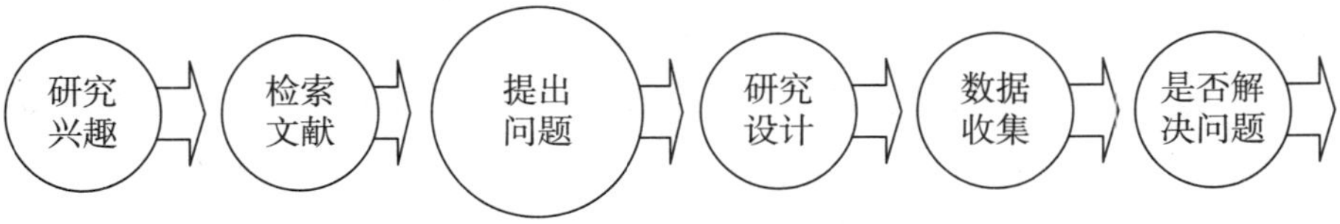

图 4-1　研究问题与研究设计的关系

研究者的经历、兴趣能帮助研究者形成具体的研究问题。需要谨记，研究问题表述越明确、具体，研究越聚焦。通常，研究者如何描述自己的研究问题，将决定研究的总体设计是什么。如果研究者提出的研究问题是开放式的，那么研究设计趋向于采用定性的研究方法。如下面这些问题就应采用定性的研究方法。

· 幼儿园的孩子们为什么以及如何利用他们的户外环境？
· 学前教育工作者对游戏式的学习方式相信到什么程度？
· 学前教育工作者如何理解术语“专业的”？
· 幼儿园教师怎样与父母及其他照料者沟通？

以上这些研究问题都能用定性的研究方法来解决。下面所列的问题则适于用定量的研究方法来解决。

· 儿童利用户外环境开展活动的频次如何？
· 在幼儿园，教师与儿童发展之间有什么关系？
· 经常一起玩的儿童的语言发展水平如何？
· 不含糖的有机食品能改善儿童的行为吗？

通过以上两类问题的比较，我们可以看出，研究问题决定了研究方法的选择。

两种研究路向

在使用定量研究和定性研究两种不同的研究方法的过程中，我们发现了两个完全不同的世界，看到了人们在其中表现出的不同行为表现。研究者选择不同类型的研究问题，意味着他选择并决定与其中的一个世界及其人共事（Clough & Nutbrown，2007）。当然，非常重要的是，你应该明白，究竟什么是定性研究方法？它是怎么来的？它与定量研究方法的不同在哪里？只有清晰区分了二者之间的区别（见表 4-1），研究者才能更好地计划和实施自己的研究方案。定量研究者或者实证研究者经常采用定量的方式来进行研究，定性研究者或解释研究者经常采用定性的方式来进行研究。不过，定量研究者和定性研究者也能将定量的方法和定性的方法混合起来使用。

表 4-1　定性研究方法与定量研究方法的区别

定性研究方法	定量研究方法
不尝试归纳和总结	试图归纳和总结
从不同人的理解和视角中寻找多元化的真相	寻找特定的真相
认可并接受研究者的主观与偏见	研究者的观点趋于客观和中立
过程导向	结果导向
假定现实生活世界是动态变化的	假定现实生活世界是静止不动的
研究效度是特定的、本土的和情境性的	研究效度来自其他研究者的重复研究

最适合类比定量和定性两种研究方法的东西是拍照。如果是定量研究者来拍照，他会倾向于用广角、宽拉和全景的方式来拍，这种方式能展现出整个范围内的所有情况，但没有细节。如果是定性研究者来拍照，那么他会采用特写和关注细节的方式来拍，这种方式能完美体现细节，展现出正在进行的复杂互动。由于我们对同一件事的认识总是有不同的视角，因此以上两种方式都是有益的。从不同视角确保研究有效的有益做法，就是三角互证法。

定量研究

定量研究是人们认识和看待世界较为传统的科学方法（Punch，2009）。定量研究者坚信，真相就在那里，等待人们去发现。关于世界，定量研究者认为，世界本身是有逻辑的，服从科学规律的支配，就像因果律。人们争论的问题集中在人与人之间的交往是否是自然界科学规律的一部分，它是否能被测量或以物理或化学的方式被量化。对此，定量研究者持有这样一种假定或设想，那就是凡事都可被证真或证伪。同时，定量研究习惯于在大样本的基础上，以实验的方式从研究结果中总结出特定结论。

对于定量研究者而言，能被其他研究者重做、复制的研究方案，其研究结果在某个特定领域才能被判定为有效（Punch，2009）。因此，在定量研究中，研究的效度并不受定量研究者个人的影响，而取决于任何其他研究者以同样方式进行再次实验时，是否依然能得到同样的结果。

定性研究

在定性研究者看来，我们的社会生活是由我们自己关于社会情境的文化理解而建构出来的（Punch，2009）。所有的定性研究都基于这样一种信念，那就是我们通过与其他人协商和沟通，可以在持续不断的创造中建构我们的生活。定性研究者非常关注人与人之间交往的复杂性和多样性。站在他们的立场上，个人及组织经常处于矛盾之中，有时甚至是处于非理性的状态中。因此，在幼儿园，包括研究者、儿童、家长以及教师在内的所有人，对教育事件的解释同等重要。换句话说，这种多元化的理解本身就具有意义。对定性研究者而言，研究效度取决于解释的范围有多大。定性研究者选择较小的研究样本，不会从研究中总结和归纳出什么。定性研究的效度建立在能精确表述所有研究参与者的声音和经验的基础上。研究参与者的反应是否真实、可靠，经由反复观察以及与其他人的三角互证而来。这种对原始资料的三角互证，可能会让我们发现研究参与者的反应是否前后一致。

研究取样

对于研究者而言，试图研究所有儿童或所有学前教育机构，显然完全没有可能。因此，研究者需要从中取样，选择少量的儿童和学前教育机构进行研究。从总体中选择部分对象进行研究的过程，叫作取样。对于整个研究方案而言，明确说明自己如何选择样本非常重要。不论研究者进行的是定量研究还是定性研究，研究者都需要清晰自己如何、为何选择这个（些）学前教育机构或儿童进行研究并研究什么。如果你选取某个特定的学前教育机构进行个案研究，那么你必须解释清楚自己为什么选择它。对取样方法的明确解释，有助于提升整个研究设计的效度。

定量研究者倾向于选择有代表性的样本。他们这样做，是因为定量研究者想要从自己选择的样本中概括出结论，将其推论至总体。所以，他们会使用随机选择的取样方法。如一名学前教育研究者对幼儿园内儿童开展户外游戏的情况进行调查。他可以从某个城市中随机选择十所幼儿园进行研究，其实这个城市中的所有幼儿园都拥有同样的、被抽中的可能性，但这些被抽中的幼儿园便成了整个城市中所有幼儿园的代表。通过这些随机抽取的幼儿园，定量研究者从中总结、概括出结论并推广至所有的幼儿园。可见，代表性样本的存在有助于整个研究中效度的取得。

与定量研究不同的是，定性研究者很少采取随机取样的方式。相反，定性研究者更倾向于采取特定取样的方式，如目的性取样，研究者故意选择某个（些）机构或儿童进行研究。这样取样的原因在于，被选择出来的某个（些）机构或儿童正好为研究者的研究提供了非常好的案例。如果研究者想要研究户外游戏和学习的有益之处，那么他们会有目的地选择那些拥有良好户外设施的幼儿园，然后将得到的结果与缺乏户外设施的幼儿园进行比较。如果研究者想要研究学前教育工作者秉持的儿童中心式的学习观念和态度，他们可以选择这样的教师进行研究。通过以上案例，你会发现，定性研究者是以特定的目的，选择能帮助其解决研究问题的机构或儿童进行研究。

除目的性取样之外，由于研究者与某个（些）机构之间有着千丝万缕的联系，因此他们也可以选择这个（些）机构进行研究。这就是方便取样。因为你在哪里工作或者曾经在哪里工作，又可能你的朋友在哪里工作，所以你有机会进入那里，舒舒服服地进行研究。诸多的便利条件，也为研究者开展研究提供了保证。当然，即便这个机构是基于方便取样得来的，研究者也需要抽取合适的机构工作人员和儿童进行研究，这与之前的随机取样有些相似，如你可以选择所有已登记注册的儿童进行观察，或依据某种顺序任选教师进行观察。也就是说，研究者可以在方便取样后再选择有代表性的样本。

三角互证法与研究效度

三角互证法，是指为了更好地理解研究主题，将不同证据、不同资源进行比较、整合的研究实践。三角互证法能提升定性研究的效度，确保研究结果可信（Mukherji & Albon，2009）。三角互证法既包括研究者以多种方法收集研究证据的过程，也包括研究者对来源各异的证据和事实进行自省的过程。在研究过程中，尝试获取不同视角的认识和观点是非常重要的。如果研究者对教师的教育实践感兴趣，那么仅以访谈的方式询问其教育实践的方式是远远不够的，研究者还需要在此基础上观察教师的行为或者询问儿童对教师的看法和观点。如此，这个研究就需要依赖三方面的事实和证据。

- 教师在访谈中说了什么？
- 研究者观察到教师实际做了什么？
- 儿童对教师教育实践的认识。

盖尔对幼儿园的学习和游戏活动的研究，就包括了听取来自儿童、教师以及家长等不同群体的观点。通过观察，他了解了活动室里究竟发生了什么。紧接着，他通过与教师、儿童的访谈，辅之以家长对幼儿园学习和游戏活动问题的问卷调查，完成资料收集（见图 4-2）。

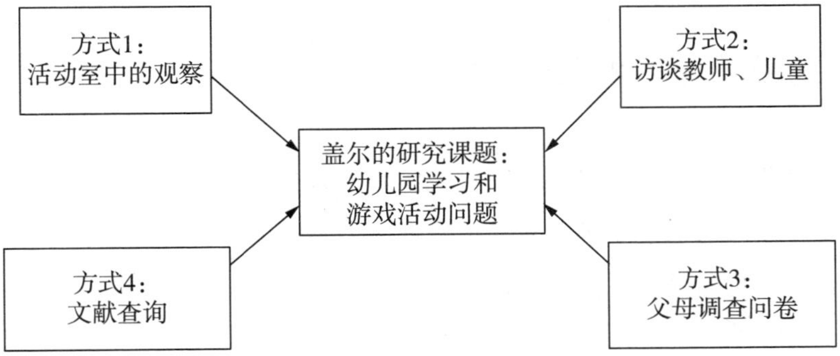

图 4-2　盖尔的三角互证法

露西对家庭暴力的研究，包括了大样本的问卷调查以及与专业人士的大范围访谈等。访谈和问卷调查展示的各种不一样的观点和视角，方便露西以三角互证的方式进行验证（见图 4-3）。

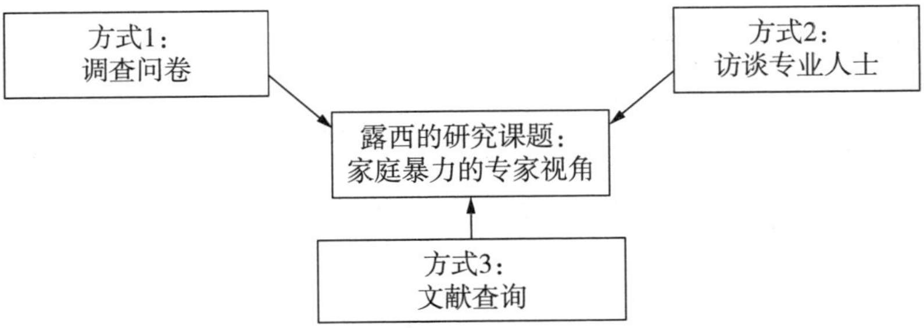

图 4-3　露西的三角互证法

思考

- 为什么要用三角互证法？
- 如何确保这就是三角互证法？
- 应该将哪些视角纳入研究？
- 还有哪些证据能够使用？

定量研究与定性研究举例

假定两名学前教育研究者同时关注到了电视中卡通暴力形象及其与儿童之间关系，那么接下来，我们将呈现两种不同的研究路径。为了更好地理解两种研究路径，我们有意识地突出了两种研究路径之间的不同（见表4–2）。

表 4–2 关于“电视中卡通暴力形象及其与儿童之间关系”的研究路径

定量研究	定性研究
一个假设	一系列开放式问题
假定两个变量之间有关联	无假设
随机组与控制组实验研究	目的性取样，个案研究
儿童被看作研究的对象，对其进行观察和测查	儿童被看作主动思考的人，其认识和理解是至高无上的
代表性样本为大样本	代表性样本不重要，丰富的语境才重要
研究的复杂性缩小到能被总结和概括出来	寻求儿童认识的复杂性和多样性，无总结和归纳
坚持研究中立	从研究计划到研究方法，伦理问题形塑整个研究过程
研究者个人偏见忽略不计	研究者个人偏见纳入研究
研究的概念、主题、方法以及如何分析和解释等先于研究实施	研究的概念、主题、方法以及如何分析和解释出现在研究过程中

如果研究者想象中认为电视中卡通暴力形象对儿童行为有伤害，那么研究者就确实需要更深刻地弄清楚电视中的卡通暴力形象是什么。

电视中的卡通暴力形象：定量研究的方式

假设：

儿童观看带有暴力和攻击性的动画片会增加儿童在角色扮演中的攻击性行为

一方面，假设表明带有暴力和攻击性的动画片和攻击性行为之间有因果联系；另一方面，假设示意两个变量之间有直接关联。在定量研究中，研究者通过实验证明这一假设究竟是真，还是假。

遵从定量研究者在方案开始前已设计的研究过程的具体细节，研究者可能沿循这样一条线路。首先，大样本的儿童被试需要被确定，然后分为两个研究小组：一组观看带有暴力和攻击性的动画片，即实验组；另一组观看已将暴力和攻击性内容过滤出去的动画片，即控制组。然后，研究者对来自实验组和控制组的实验结果进行直接比较。当然，其他可能与潜在的暴力和攻击性相关的变量同样需要被记录并从实验中清除出去。最后，研究者需要对两组儿童的角色扮演行为进行测查，收集到的数据也将进行量化分析，据此解释最初的假设是正确的，还是不正确的。

电视中的卡通暴力形象：定性研究的方式

总的研究问题：

· 儿童如何理解“暴力”一词？

· 儿童是否接触过特定的带有暴力和攻击性的动画片？

· 儿童如何在游戏中理解并弄懂这些带有暴力和攻击性的动画片内容？

这一次，你会发现，同样的研究主题被三个开放式问题替代。这些问题涵盖了儿童对暴力、动画片以及角色扮演游戏等非常关键的概念的理解，它们通过各式各样可以被感知和理解的方式提出来。儿童被看作主动参与研究的主体，他们对研究主题的理解将推动整个研究。

与定量研究不同的是，定性研究并没有假定电视暴力与儿童随之而来的角色扮演行为之间具有关联性。所有的研究问题是开放式的、试探性的，并不能预测研究结果或因果联系。第一个研究问题表明，暴力这个概念本身向不同的解释者开放，研究者认为的暴力与儿童认为的暴力并不相同。开放式的问题群反映了整个研究方案的思路，它将产生对研究主题理解更加复杂和多样化的影响。

思考

· 你认为，以下哪个研究主题属于定量研究？哪个研究主题属于定性研究？理由是什么？

* 儿童如何理解词语“朋友”？
* 你在当地政府工作，需要了解自己所在社区的人是否听说过确保开端计划。
* 你想比较观看口袋妖怪①视频的一组儿童与不观看口袋妖怪视频的另一组儿童在行为上有什么不同。
* 作为幼儿园教师，你想通过让男孩照顾毛绒玩具，来培养他们的情绪控制能力，当然你也想了解为什么男孩在照顾毛绒玩具时看起来如此勉强。
* 幼儿园有多少名儿童有兄弟姐妹？他们多大年龄？性别是什么？
* 在教养过程中，什么方法可以让父亲更加主动？

---

① “口袋妖怪（Pokémon）”是一款掌机游戏。该游戏的主系列为角色扮演游戏，玩家可以在游戏中体验不同的角色类型，也可选择照料自己喜欢的电子宠物，因此深受青少年喜爱。后来，开发者在该游戏基础上，开发了与之相关的漫画、书籍、对战卡片以及其他周边产品，同时开启了一种新的游戏推广和运行模式，风靡全球。——译者注

- 作为研究者，如果你选择了定量研究，你需要考虑什么？
- 研究者可能拥有哪种方法论？为什么？
- 你可能用哪种方法收集证据？为什么？
- 你需要关注什么伦理问题？

行动研究

作为一种研究方法，行动研究的核心是如何在机构中发起改变，其改变是以实践、政策和文化的形式出现在机构中的（MacNaughton & Hughes，2008）。行动研究关注在工作环境中以实践的方式改变某些问题，以改善研究者自己和同事的知识和教育实践。所以，对于研究者自己和同事来说，这种方法相当复杂且耗费时间。行动研究有时候被冠以“教师是研究者”的名号，因为研究者和教师本身是同一个人。同时，行动研究拒绝所谓两段式的研究过程，即研究者先进行研究，然后在另外一个相对独立的研究阶段里，把从研究中得到的知识或结论应用在实际工作中。行动研究趋于将二者结合，成为整体。

行动研究是一种合作式的研究方法，需要包括更多的人员参与到研究中，如幼儿园工作人员、家长以及儿童，与研究者一起进行研究。因此，行动研究其实是民主的、包容的。对于初次做小规模研究的研究者而言，在自己的教育实践中自然而然地出现的各种问题虽然小，但却适合被研究。

行动研究举例

珍妮特（Janet）想把自己的儿童中心建成全纳式学前教育机构。于是，她参照融合指数（Index for Inclusion）来行动（Booth & Ainscow，2004）。融合指数主张全纳式学前教育机构的所有利益相关者都来就教育实践、政策以及文化等提问。随后，珍妮特与自己的员工进行了一系列座谈，就融合问题进行讨论。在这个过程中，她了解到自己的同事如何看待融合、是否坚信教育实践是融合的。后来的经验证明，这种在员工内部进行的讨论，给员工提供了大量的信息并由此区分出三个日后想进一步探究的问题。

· 在幼儿园的所有活动中，哪些活动能看出儿童是或者不是全部参与的？

· 阻止部分儿童参与特定活动的障碍是什么？

· 哪些资源能在事实上保障所有儿童都参与？

为了解答这些问题，幼儿园教师对自己所带班级的所有儿童进行了为期两个月的观察。两个月后，他们再次碰面，讨论各自的发现。有些人强调，男孩和女孩不在一起玩玩具、开展建构活动。身体不便的儿童也不会去玩玩具。经过讨论，大家一致认为，我们应该去和儿童讨论一下，到底在什么情况下，以什么样的方式，男孩和女孩才会在一起玩玩具和开展建构活动？同时，我们应该给身体不便的儿童单独购买特殊玩具，以方便他们使用。在这个行动研究实施两周后，我们又重新审视了行动效果和进一步改进的办法。

行动研究发现，男孩和女孩都认为，男孩和女孩应该一起玩这两个游戏。但是实际上，大家一起玩还是有困难的。所以，教师们觉得，应该尝试安排一项新的、仅限女孩参加的活动，看看儿童如何看待这件事，然后再制定详细行动方案（MacNaughton，2000）。在执行这个方案两个星期后，教师们反思和讨论了行动效果。

同时，那些特殊的玩具一经投放，明显提高了身体不便的儿童的活动积极性，他们立即参与到活动中来。于是，教师们立即决定，要继续为他们购置类似的游戏材料。需要强调的是，几乎所有的儿童都喜欢玩这种特殊的游戏材料，包括身体健康的儿童。

从上述行动研究案例中，我们看到，行动研究基于已有的行动结果来进一步提出问题、形成行动方案，继而进行研究。所以，行动研究是一个长期循环的研究过程，而不是一次性研究。从理论上说，行动研究应该将所有的利益相关者纳入进来，贯串始终。

思考

自己设计研究方案

- 与同事共同思考、提出一个观点或问题。
- 规划一个行动研究循环圈，将所有重要的内容罗列出来。
- 鉴定研究问题。
- 明确参与行动研究的人员及其参与原因。
- 反思自己的行动研究是一次性研究，还是循环圈中的一环？
- 体现在行动研究中的已有结果是否清晰？

做自己的行动研究

行动研究，有时与实践研究密切相关，因为行动研究的中心就是研究者自己，研究者自己就是实践者。在学前教育研究中，一个让自己的研究体现教育实践需求的重要办法，就是让研究者自己成为研究方案的核心。从这个意义上说，行动研究是内向性研究，研究者自己就是那个内在的核心人物。与其他所有的研究方法一样，行动研究也是一个系统的研究过程，包括提出研究问题、收集资料、分析资料，并在分析资料的基础上形成结论。

很多时候，研究者需要从外面聘请学前教育专家来参与研究，如管理者、学者、政策制定者或者各种顾问。他们来到幼儿园，制定研究日程，研究他们想要研究的问题，这些研究问题与幼儿园有关或无关。通常，他们会到幼儿园观察、评论和建议，然后消失。显然，在这种研究模式下，教师只是别人研究的参与者，除此之外，并无其他意义。行动研究最令人欣慰的一点，就是教师可以在行动研究中研究自己的问题，形成自己的研究话语。

基于反思的行动研究循环

基于反思的行动研究（见图 4-4），就是实践者在自己的教育实践中发现了想要研究的问题，与朋友、同事一起讨论，围绕问题查找并阅读资料，反思自己的实践，提出一种新的解决办法。一旦实践者提出新的工作思路，又会产生出新的研究问题。照此下来，一个完整的行动研究过程就能不断地持续下去。

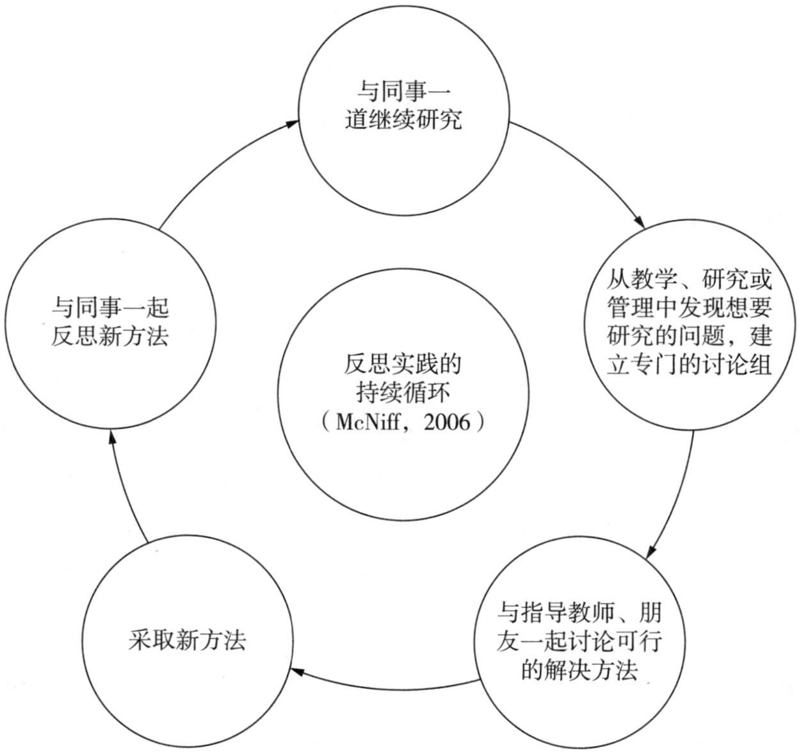

图 4-4　基于反思的行动研究过程

西蒙（Simon）的行动研究案例

下面的个案为我们展示了西蒙如何在自己的教育价值观和教育理论推动下研究儿童的创造性活动的过程。

个案研究

西蒙的研究故事

我曾在郊区一所小学的学前班工作过。这个学前班有两名教师。我在那里工作了五年。其间，我极少花时间与儿童一起开展创造性活动。这样的情况令我很不安。大学期间，我阅读了大量有关创造性活动的文献资料，知道创造性活动能增进儿童的幸福、改善儿童的生活。但非常不幸的是，迫于学校中其他人的压力，学前班的儿童只被要求提高计算能力和识字能力，没有时间去做其他事情。在我看来，这就是我要深入研究、需要做行动研究的问题。为此，我围绕以下问题形成了自己的行动研究方案，那就是：在我工作的这个单位中，儿童创造性缺乏已经到了何种程度？

我和同事，以及另外一个远离学校的人组成了研究小组，共同研究这个问题。我们决定制定一个详细的研究日程和时间表，准确列出自己每周要和孩子们开展创造性活动的时间。在讨论过程中，我发现，光是讨论制定这个时间表，就让我的同事对这个问题非常疑惑，他们并不知道孩子缺乏创造性，尤其学前班的孩子。我把这些情况一一列了出来，形成了行动研究方案。事实上，我想要做的更多。我在考虑如何改变这种情况，从而使我能在自己的教育信念和价值观指导下引导孩子学习。很幸运的是，我在研究期间获得了很多支持和帮助，使研究能扩至其他国家，如我在丹麦选择在一所开展创造性活动较多的学校进行研究。在那里，我和那些开展创造性活动较多的教师进行座谈和讨论，看到不同程度的创造性活动。回国后，我和全体教师分享了自己的所见所闻。在我的影响下，学校里的同事，包括主任都表示要做这个研究。在主任的支持和帮助下，我制定了一个整体推进创造性活动开展的行动研究方案。经历多次讨论，我们决定开展“本土艺术家（Artist in Residence）”项目。在行动研究过程中，本地艺术家的参与和随后的反思性对话深化了教师对创造性活动及其与儿童学习之间关系的认识和理解（见图 4-5）。行动研究使我的职业精神逐渐振作起来，为我的职业生涯指明了方向，增添了光彩。

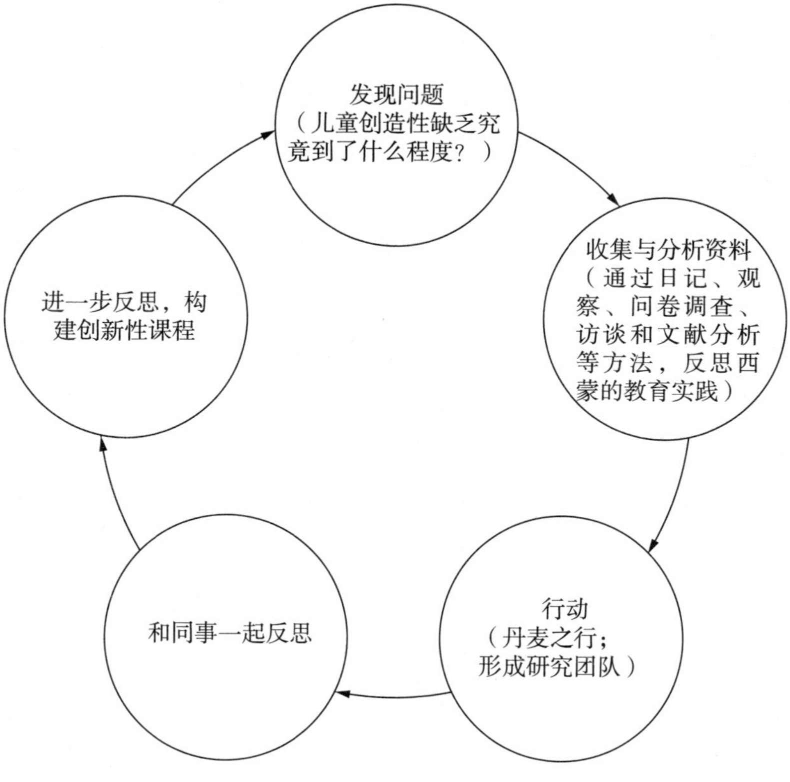

图 4-5　西蒙的行动研究循环

这个行动研究促使西蒙形成了对儿童创造性发展的理论认识，提升了教学自信，改进了教学能力，掌握了大量创造性活动会改善儿童生活与学习行为的证据。在整个研究过程中，西蒙明确地知道了自己在做什么、为什么这么做，并根据知识来判断、分析教育实践，而这些知识和实践也得到了文献资料的支持。可见，西蒙的行动研究方案与他关于儿童怎样学习的价值观和准则是相辅相成的。这样的行动研究，激发了西蒙作为学前教育工作者的信心和热情。

个案研究

个案研究通常有较小的研究范围，仅将研究目光集中在某个人、某个家庭或者某个学前教育机构上。个案研究更适合那些想要说明“如何”和“为什么”的研究（Yin，2009），特别是针对某个或某些特定机构的具体问题。个案研究是非常小的研究，研究的界限和参数清晰明了，因此研究者可以将自己的研究目光落在非常具体和清晰界定的情境中。个案研究非常有利于研究者描述细节和错综复杂的社会关系，同时它需要研究者通过大量的“深描”，使读者“与境化”，为读者展现全貌。需要说明的是，从研究主题中归纳、总结普遍性观点并不适用于个案研究。

下面所述的第一个案例，就是个案研究。它被称为单体个案研究，常被用于研究独一无二或者典型的案例（Yin，2009）。第二个案例被称为多重个案研究，这种个案研究“从多个个案中收集资料，常被看作是更全面、更可信和更稳健的个案研究”（Yin，2009）。由于多重个案研究拥有多个研究个案，所以研究者可以仔细比较两个相似个案的语境，发现其中最显著的差异，因而适合刚开始学做个案研究的研究者。如在第二个案例中，熟手教师和初入职教师面对同一个年龄段的儿童，又在同一个区域内工作，二者具有可比性。因此，多重个案研究也被称作个案比较研究。

单体个案研究举例

萨拉选择了十名 6 岁的儿童（五个男孩、五个女孩）作为研究样本，研究性别与友谊之间的关系。她之所以选择这些儿童，是因为他们的家庭关系较为紧密，儿童之间也结下了深厚的友谊，同时他们又在同一所幼儿园学习。所有这些因素加起来，促使这些儿童成为个案研究的代表性样本。

萨拉的研究问题如下。

· 这些儿童如何看待友谊？

· 这些儿童如何看到性别？

· 对这些儿童而言，友谊和性别之间有关系吗？如果有，关系是什么？

萨拉将研究问题集中在这些儿童的友谊上，体察他们之间友谊的微妙和复杂关系，其实质是要研究儿童的性别与友谊发展之间是否存在关系。为此，萨拉需要收集那些细微、敏感、复杂的事实，佐证自己的研究假设。所以，深度地进行个案研究是萨拉最理想的方法选择。

在研究中，萨拉主要通过小组访谈、室内外观察、收集有关友谊主题的画作、做游戏等方式收集资料，辅以教师访谈和家长访谈。这些方法为萨拉解决“怎样”和“为何”提供了各类复杂证据。

多重个案研究举例

即将成为熟手教师的汤姆想要对比熟手教师和初入职教师的工作经验，为此他从一所私立的日托学校里选择了熟手教师，然后从另一所私立的日托学校里选择了初入职教师。他们都负责 3~4 岁儿童的教学工作。同时，这两组教师都是专职教师，也都是女性，年龄相当，在同一个城区工作，工作环境相似，所教儿童处于同样的社会经济地位。

汤姆的研究问题如下。

· 熟手教师和初入职教师如何进行她们的日常教学工作？

· 熟手教师和初入职教师的日常教学工作哪里相同？哪里不同？

· 熟手教师和新入职教师的日常教学工作为何相同？为何不同？

因为有很多个案需要分析，所以汤姆进行了较大规模的资料收集，进行了三角互证。他花了大量时间做观察记录，与每名熟手教师，或者有时候将熟手教师和初入职教师放在一起进行深度访谈。他还去和主任、校长进行访谈。除此之外，他还比较了学校聘用两组教师时的政策、年限及聘用条件的不同。

小型质化研究

不是所有的小型质化研究都是个案研究，有些小型质化研究本身就是一个小调查。即使只调查很少量的人，如只调查父母或幼儿园的教师，小型质化研究也能使用问卷调查和结构性访谈的方法。这种方法通过向每个被调查者提出同样的问题来获取信息。在此基础上，研究者抽取、概括并形成分析框架，继而对这些资料进行对比和分析。这种方法非常适合要对资料进行统计分析和整理的研究者使用。小型质化研究能获得一定范围内的证据和资料，但会由于缺乏深度而影响效果。

如案例 1 所示，露西使用了小型质化研究的方法来收集资料，其研究问题几乎涵盖了有关家庭暴力的各种观点。在案例 2 里，华炯（Hua Jong）在研究中国南方地区幼儿园教师和家长的伙伴关系时，使用了另外一种方法。

小型质化研究案例 1

露西要研究所有与儿童打交道的专业人员（如教师、游戏中心的工作人员、社会工作者、防家暴工作人员以及家庭联络员等）究竟是如何看待家庭暴力的。她想要去大量地收集资料并进行统计分析。但是，露西从这些不同的专业人员那里获得的一手资料虽然保证了调查的广度，但同时失去了深度探查更敏感复杂问题的机会。在研究中，她采用了综合研究的方式。在前面调查的基础上，她增加了三个深度访谈问题，有效地解决了“有广度、没深度”的问题，丰富了研究结果。

小型质化研究案例 2

华炯要研究中国南方地区幼儿园的教师和家长的伙伴关系。为此，他在一所幼儿园里开展了小规模调查。起初，华炯和两名教师、两名家长进行了试谈，建立基本的理论框架，并以此为基础围绕教师与家长的伙伴关系形成调查问卷和结构型访谈提纲中的固定问题。然后，华炯选择对两名教师和两名家长进行预调查，根据调查结果修定调查问卷和访谈提纲。在做完这些必要的准备工作后，华炯征得主任的同意和准许，按字母顺序，从每三名教师中选择一名教师、每三名家长中选择一名家长，然后向其派发调查问卷。这一过程保证抽样的随机性，增加研究结果的可信度。根据收集的资料，华炯既可以用定性的方式进行分析，也可以用定量的方式来分析调查问卷的结果。

研究广度与研究深度

许多学前教育研究都能在实现研究广度的过程中获得普遍性结论。在图 4–6 中，我们依照广度–深度、普遍–特定两个维度，将之前讨论过的一些研究方案划分为不同种类。从中我们发现，露西的研究因为既通过调查法增加研究的广度，又通过访谈法增加研究的深度，因此它被划分到分类图的左上位置和右下位置。盖尔和萨拉的研究关注特定问题，通过调查法获得相当大的广度，因此它们被划分到左下位置。珍妮特的研究尽管只在一个机构内进行，但因为包括了对较大数量人群的调查，因此它也被划分到左下位置。我们可以参照这个划分图，将研究的不同问题划分到不同的区域。

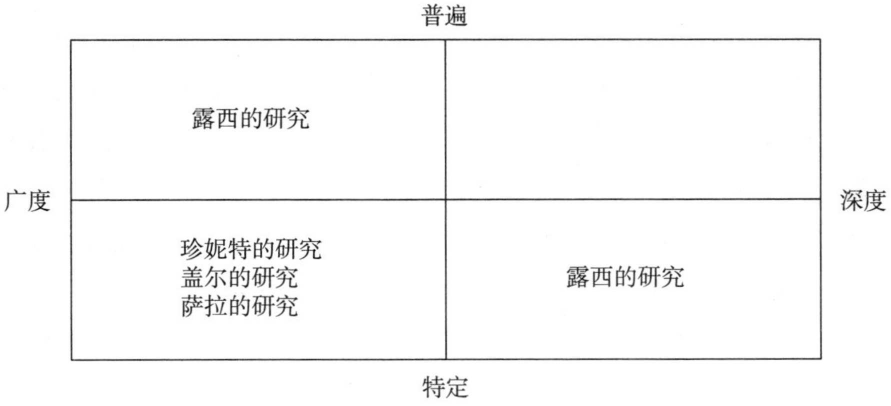

图 4-6　研究方案不同区域划分示意图

思考

根据图 4-6 来划分自己的研究方案，思考以下问题。

- 哪些特征体现了研究的广度和普遍性？
- 哪些特征体现了研究的深度和特定性？

澄清研究方法

在研究方案中，研究者需要说明并解释自己为何选择这种研究方法，就像解释为什么选择这个学校、为什么选这些人一样。说明的过程，也表明研究者在深刻反思自己为什么用这个研究方法，而不用其他的研究方法（Calough & Nutbrown，2007）。

关于研究方法，研究者需要澄清以下问题。

- 总的研究问题是什么？
- 解决研究问题需要哪些资料？需要多少资料？
- 需要关注哪个领域的问题？
- 为什么要选择某个特定的机构进行研究？
- 为什么要用某种特定的研究方法，而不用其他研究方法？

不论选择哪种研究方法去解答问题，研究者都要给出充分的理由和依据，如研究者要清楚地知道自己为什么选择访谈法，而不是问卷调查法；为什么要和教师访谈，而不是儿童。又如研究者决定要长时间、深度地访谈两名儿童，或者随机调查 50 名儿童，那么他必须要说明自己为什么这么做。研究者也可以选择对一部分儿童做深度访谈，对另一部分儿童做问卷调查。但不管怎么抉择，他都必须要解释为什么这么做、这么做能改善什么。这里的关键信息是，研究者如何澄清自己的研究方法。

萨拉的研究关注儿童友谊性别化的方式和路径，更准确一点说，她的研究集中关注了友谊、男孩和女孩等术语，力图从儿童自己的视角深究与友谊相关的问题。显然，她的研究更关注研究的深度，而不是广度。研究的核心问题是希望深入探查童年友谊的本质，而不是验证某个假设或者某个关于友谊的论断。像这种较为复杂的研究问题，理论上更适合用访谈的方式进行。在访谈中，研究者逐步引出那些有关友谊的细微、含糊不清甚至相互矛盾的观点和看法。鉴于萨拉还想了解教师对童年友谊概念的理解情况，她还应该访谈一下教师。如此一来，萨拉通过深度观察、深度访谈、收集儿童绘画作品以及做教师访谈等方式收集资料，好过对 60 名儿童进行访谈和问卷调查。萨拉自己说，面对面的访谈可以让她捕捉到儿童很多的细微反应，得以更深入地探讨儿童身上微小的情绪变化、感觉和经历。对萨拉的研究问题来说，访谈法能更深入地了解儿童的视角，获得有用信息，因此访谈法也是最适合她的研究方法。如果萨拉使用问卷调查法，这在逻辑上是行不通的，因为不是所有的儿童都能读和写，而且问卷调查也无法得到儿童身上那些细微甚至是矛盾的事实和证据，而这些恰是研究最需要的。

选题报告

选题报告或开题报告的好坏明显关系着随后的研究质量。所有的研究，不管是大规模、复杂的以及有经费支持的，还是相对较小的，都需要有一个比较清晰的、伦理上可靠的选题报告。在这个选题报告中，研究者需要说明这个研究想要研究什么、研究的价值在哪里、研究的意义在哪里以及用什么方法收集和分析资料。换句话说，选题报告需要详细描述这个研究究竟要干什么。只有选题报告审核通过，才能进行后续正式研究。一个好的选题报告必然要说清楚这些事情。

· 这个研究要揭示什么问题?
· 这个研究的价值在哪里?
· 研究者是否熟知该领域的主要观点和最新研究?
· 研究者是否拥有特定的理论偏向?
· 研究者能否在方法论上澄清自己的研究方法?
· 研究者考虑了哪些伦理问题?

一般来说，选题报告需要包括以下几部分的内容。

1. 标题
2. 摘要
3. 引言
   研究主题和领域
   研究背景和语境
   研究目的（研究想要达到的结果）
   研究价值（为什么这个研究很重要）
4. 研究问题
5. 文献综述
6. 研究设计与研究方法：具体方法与思路
   取样
   资料收集的程序和工具
   资料分析
7. 伦理问题考虑
8. 参考文献
9. 附录（包括研究日程与经费预算）

具体来说，各部分要求如下。

标题与摘要

标题和摘要可以在研究者完成选题报告后再写，因为只有梳理完整个研究过程，研究者才能发现研究的核心议题，提出更有创意的标题，概括研究的主要内容，形成摘要。

引言

引言的主要作用是清晰呈现本研究的研究领域、研究主题以及研究目的。在引言中，研究者要让读者明白本研究与已有研究之间的关系。此外，研究者还需要在引言中说明自己的个人知识和经历，因为这也是研究的重要组成部分。同时，研究者还要说明开展这个研究的迫切性和重要性，也就是研究价值以及这个研究对已有知识的贡献。

研究问题

我们已经全面讨论过研究问题的重要性。好的研究问题，要确保问题清晰，并且有可操作性。换句话说，研究者需要让读者知道，自己如何能在既定的时间里解决问题。

文献综述

梳理文献的作用，是为了展现研究背景，发现关键信息。因此，研究者需要确认自己的研究问题与研究主题、研究结果密切相关。梳理文献的过程，表明研究者的研究是通过调查现有研究和观点并在其基础上提出来的。

研究设计与研究方法：具体方法与思路

在这个部分，研究者需要说明自己具体使用的研究方法，说清楚自己为什么要选择这个研究方法，尤其要说清楚为什么要选择定性或定量的方法论、这种方法论是否适合自己的研究问题。如果研究者选择了质化的研究范式，那么研究设计会趋向于个案研究、小范围调查、人种志研究或者行动研究。研究者要仔细说明自己为什么要做这样的研究设计、这样的研究设计如何实现研究目的。同时，研究者还需要说明正式研究之前要不要做预调查或者预研究，如果不做，为什么。如果研究者选择了量化的研究范式，研究者就需要澄清该研究有没有研究假设、研究设计中有没有前测和后测等。可见，不论在什么样的研究设计中，澄清研究方法都是必须的。

取样。取样是保证研究项目有效的关键因素。在说明取样问题时，研究者需要声明自己的取样策略，即为什么这样取样、样本量的大小如何、如何取样等。

资料收集的程序和工具。在这个部分，研究者要说明自己具体使用什么方法来收集资料，哪种方法最适宜和可行，收集资料的过程是怎样的，是否会用到问卷调查、访谈和观察以及怎么用这些方法等。

资料分析。资料分析的过程是要研究者说明自己是否熟知各种不同的资料分析策略以及如何使用这些策略、会不会使用计算机统计软件等。

伦理问题考虑

前面，我们已经探讨过伦理问题。在正式的选题报告中，研究者要让读者感觉到自己的研究在伦理上是可靠的。可靠是指在资料收集的任何一个环节上，研究者都获得了所有参与者的应允和同意，同时这也意味着研究者要向大家清晰展现自己是如何一步一步地获得被调查者的同意的。如果是个案研究，研究者还需要说明机构的情况。

参考文献

在选题报告的最后，研究者需要列出自己参考的所有文献。关于参考文献，许多研究者经常会犯以下这些常见问题。

· 研究框架缺乏必要的文献支持
· 没有详细列出其他研究者对本研究的贡献
· 文献游离于研究问题之外，不能集中在研究问题上

总结

通过本章，你知道了以下内容。

- 定量研究和定性研究之间的区别。
- 取样在研究设计中的角色和意义。
- 研究信度与三角互证法。
- 行动研究、个案研究与调查。
- 选题报告及其内容。

推荐阅读

G. MacNaughton, P. Hughes. *Doing Action Research in Early Childhood Studies* [M]. Buckingham: Open University Press, 2008.

本书主要介绍了各种不同的行动研究方法，探讨了如何将这些方法运用到学前教育中，以产生积极变化并提高实践能力。

P. Mukherji, D. Albon. *Research Methods in Early Childhood: An Introductory Guide* [M]. London: Sage Publications, 2009.

这是一本比较全面地描述学前教育方法论的图书，清楚地描述了学前教育的各种研究范式、方法论及方法。

第五章　观察法：看与听

本章学习目标

- 知道观察既包括看，也包括听。
- 了解观察的意义和价值。
- 知道干扰观察的影响因素有哪些。
- 学会进行开放、批判地观察。
- 了解观察的困难和局限。
- 区分不同类型的观察。
- 区分不同的观察记录方式。
- 各种类型观察举例。

为什么要观察?

观察法是学前教育研究者用以收集第一手研究资料的最常用方法。进行观察已经成为学前教育工作者专业生活的一部分。英国《早期基础阶段课程标准》明确指出，希望所有的学前教育工作者都能够在照料儿童的过程中，进行系统观察。在本章，我们将基于这些日常观察的经历，在研究项目开展的背景下，具体探讨观察法的特点及其基本内容。

我们还可以看到，研究者对幼儿园做了长时间、持续性的观察，看或听到了诸多与问题解决密切相关的信息和资料。

在大多数情况下，观察法要与其他研究方法搭配在一起使用。也就是说，研究者在访谈、收集作品或者进行问卷调查时，可以观察儿童、教师及家长。在本章，我们会看到，观察实质上也可以进行系统设计和实施。

思考

下面列出了部分教师在研究中进行观察的理由。我们从中可以发现，进行观察其实有很多理由。研究者可以浏览以下内容，说出哪种理由更适合自己。

- “在真实情境下，我已经观察（看和听）过儿童、教师及家长。”
- “在观察的过程中，我更多地看到被观察者做了什么，而不是听到他们说了什么。”
- “事实上，被观察者说自己做了什么和他实际上做了什么，差异很大。”
- “观察能让我感受到整个幼儿园都在欢迎我，需要我做研究。这种感觉非常棒。”
- “在幼儿园，坐在那儿看一天的活动，能让我充分了解一日生活的节奏和模式。”
- “观察为我收集了许多可以在随后访谈中使用的观点和想法。”
- “在躲开同事一星期后，我深刻地认识到我在工作单位的地位和应发挥的作用。”
- “在幼儿园观察的时间越长，我越能理解他们为何以这样的方式工作。”

· “令人为难的是，尽管我努力让自己变成‘墙上的苍蝇’，从而避免引起儿童注意，但是他们依然会问我很多问题。”

· “通过看和听，我有了很多收获。”

什么是观察法?

观察法的核心是研究者以全新的方式看待自己熟悉的机构和常规事务（Clough & Nutbrown，2007）。你有没有过这样的经历，在度假一段时间后回到家，你会觉得以往非常熟悉的东西现在看起来不一样了？英国人都左行驾驶，当他们外出到其他右行驾驶的国家时，他们一定会对自己一贯熟悉的常规行为产生怀疑。在某种程度上，右行驾驶是不是看起来很奇怪呢？在外出回家后，你能找到自己某些让其他人觉得奇怪的行为吗？

观察其实是要求研究者进行批判性地看和听，把那些看起来很正常的、熟悉的日常行为，通过距离化和陌生化的方式变得不熟悉，并与自己不相干。如此，你就是在做批评性观察。以这样的方式进行观察，研究者必须打开自己的视听通道，以完全不同的眼光看待正常的日常生活。

对事件的解释

在日常生活中，你有没有在聚会上向朋友说起自己第二天的安排？有没有注意到自己会以不同的方式来解释同一件事？有没有在同一个地方向同一个人说了两次同一件事，但说的视角完全不同，对事件的认识也完全不同？你是否有这样的经历，自己原本想用一种方式把要分享的经历说清楚，结果却用了完全不同的方式？就像大家一起看一幅画，有人看到了整幅画，有人看到了画的一部分，大家看到的各不相同。对于研究者来说，这是个两难的问题，究竟谁看到的是对的？其实，作为研究者，他很少能看到整幅画并了解全部信息。在很多情况下，他只知道了其中一部分，这是由于研究者会在之前知识和经验的基础上形成自己的假设、信念和价值观，并以此来解释自己看到的事实和情境。因为背景不同，所以解释的路径也不同。其实，研究者的年龄、性别、性格以及所在的机构等都构成了以往经历的一部分。如此多姿多彩的人生经历影响着我们的感知，左右着我们对事件意义的解释（Rolfe & Emmett，2010）。

对于教师来说，只“观其行、听其言”是非常有问题的。如何能清晰辨别出别人的观点、了解别人对情境的解释和说明非常关键。这也是三角互证法出现的意义，因为它能提高研究的效度。使用三角互证法收集资料，能全面了解儿童、教师及家长等如何看待这件事、如何解释这件事。作为观察者，研究者也要了解自身带有的某种假设和偏见，反思这些因素对观察结果的影响，提高观察的效度（Rolfe & Emmett，2010）。

开放式地看和听

观察中，看和听的方式非常重要。与日常观察不同的是，研究中的观察包括如下内容。

1. 全面观察
2. 批判性观察
3. 开放式观察
4. 观察要获得证据
5. 观察要获得重要的信息
6. 观察理解和不理解的现象
7. 观察要有说服力

以开放的视角看，全面、批判的观察意味着研究者要将自己的假设和偏见悬置起来，以另一种完全不同的视角看待事物。只有保持更加开放和批判的视角，才能令研究者以更新的、不同的眼光来看待研究问题。这样的观察，需要研究者在自己做研究的机构里进行。当然，批判性观察并不是指批评某种不足或欠缺，而是让研究者站在不同的观察视角上反问自己，为什么人们要以那样的方式行事？在观察过程中，观察者要主动、积极地关注所有不同的做法，也就是说，研究者要开放地思考，为什么儿童、教师以及父母表现出来的行为与自己最初的预期完全不同？

除了看和听之外，研究者也需要做好观察记录，反思自己观察到的、听到的不同观点。事实上，研究者看到、听到的不同观点很有可能会改变研究者当下的认识和看法。因此，研究者要在更广泛的意义上，聆听不同的声音。有时候，研究者会坚持己见，但所有这些坚持的看法和观点很有可能变得更有价值。这样看来，进行开放式观察、获得不同的观点和看法，可以让研究者质疑自己的原有认识。尝试从其他人的视角看待我们生活的世界十分重要。当然，研究者开始系统考虑其他人的观点和做法，意味着研究从探查阶段（inquisitiveness）走向了真正的研究阶段（Clough & Nutbrown，2007）。

了解研究背景

由于地理位置和社会背景的差异，不同的机构有着完全不同的运作方式。深入了解机构背景，是保证研究者能以开放性眼光看待其他视角和观点的重要方式。

思考

回答下列问题，能帮助研究者在观察儿童的过程中，以更广阔的视角了解机构背景。这些问题如下。

- 该校家长的社会经济地位如何？
- 该校是精英学校、差校？还是处于中间水平？

· 该校的教师/家长专业水平高吗？工作人员工作娴熟吗？能力如何？

· 这所学校的历史如何？

· 这所学校有无资助？运行资金从哪里来？

· 这所学校的招生情况如何？都是多大的孩子？

· 儿童要在该校每天度过多长时间？

· 该校坚持什么道德信念？

· 儿童/家长使用哪种语言？

· 该校男女生的性别比例是否平衡？

· 该校有多少员工？

· 该校有多少员工离职？

在下面的个案中，研究者关注到了机构里的融合问题并进行观察，做了记录。观察记录显示，研究者一进入该校大门，就注意到机构的社会背景。

个案研究

十几年前，为了给附近迅速发展起来的各种机构的工作人员提供便利，人们修建了这所幼儿园。幼儿园由许多水泥套间组成，室外室内休闲设备一应俱全。水泥套间用高大的墙壁和门围成了一个“有门的社区”，只为特定的人服务。周围的居民和他们的孩子则去本地的其他幼儿园。虽然这所幼儿园拥有非常值得炫耀的物质条件和经济条件，如73%的儿童可以享受免费餐点，而且餐点的水平远高于英国全国平均水平。但各种迹象表明，这所幼儿园所在的社区却承受着高失业和贫穷的压力（Bradshaw，2001）。许多居民在租房，似乎整个社区并未从幼儿园好的物质条件和经济条件中受益。幼儿园领导说：

"贫困实际上影响了他们的生活，当地的咖啡馆、商店以及餐厅都将他们排斥在外，甚至有人建议把本地的公园改建成新的公寓出租。"后来，他的话被研究者的所见所闻所证实。

一进入幼儿园，高大、冰冷、坚固的墙就将幼儿园和外面的环境隔绝开来。紧挨着欢迎海报，一面由儿童和教师照片组成的照片墙出现在眼前，所有人的名字都被翻译成不同的语言。教师代表着使用不同语言的社区居民，代表着不同的家庭。一幅儿童最近完成的画，一直从地板延伸到天花板。整个入口透露着友好、安全、包容的气氛，这与幼儿园门前的排斥感形成鲜明对比。一个"家庭房"坐落在大厅里，房间里摆放着沙发、儿童书，还有成套的玩具（Clarke & Siraj-Blatchford，2000）。饮水机也摆放在这个地方，方便儿童取用。往里看，我们看见"家庭房"墙上有很多代表不同语言的标记，这说明幼儿园是为当地多种语言的家庭提供服务的。我见到了主任，她递给我一杯咖啡并告诉我，在这所幼儿园开展有关包容性的研究非常及时，也非常需要。听了这话，我一下子觉得轻松起来。之后，主任告诉我，她会把我介绍给所有的教师和儿童（Roberts-Holmes，2001）。

在上面的个案中，研究者寥寥数笔就为我们勾勒出一幅幼儿园概览图。从这些描述中，我们能感受到研究者对这所幼儿园的最初印象。主任的评论则提高了这种半结构化、逸事性观察的效度，从而成为研究的有力支持。

非结构性观察

在幼儿园进行观察，你会发现，各种各样的交往无处不在、数不胜数，如教师之间的交流、教师和儿童之间的交流、儿童之间的谈话。在这些交往发生的第一时间里，研究者就应该试图去证明什么，而不是被吓倒。最终，研究者要弄清楚自己的研究想聚焦在哪些问题上。

在开始观察时，研究者应无目的地观察。这种没有目的的观察，称之为非结构性观察。在这种无目的的观察中，研究者应努力获得该机构的全貌和总体感觉，在笔记本上粗略记录自己的所见所思。在观察过程中，研究者一边看、听和感觉，一边记录下所有事情是不太可能的，因为在大多数情况下，笔记本并不在身边。如果研究者的感觉和想法没有在当天被快速地记录下来，那么这些信息很快就会丢失。因此，观察结束并回到家后，研究者应尽快记下并反思自己的所见所想。逸事和笔记提供了很多有价值的背景性信息。同时，逸事和笔记也是反思性日记的一种形式，记录着研究者的研究历程。

结构性观察

随着对研究机构的了解和熟悉，非结构性观察要逐渐转变为集中于针对某个特定问题的结构性观察。此时，研究者仍需紧紧围绕自己的研究总问题进行，如反问自己以下问题。

- 究竟要研究什么？为什么？
- 观察的目的是什么？
- 观察应该聚焦什么？
- 怎么才能持续观察下去？

使用结构性观察的关键是研究者是否聚焦、是否明确自己想要研究的问题。在这种情况下，熟知领域文献、知道领域的研究内容和焦点，能帮助研究者最终确定自己的聚焦点是什么。通过阅读文献，研究者知道对自己的研究来说，哪些研究成果是重要的、有标志性意义的？哪些研究成果不重要？在观察中，研究者必须牢记自己的研究总问题是什么（Clough & Nutbrown，2007）。若还有稍许空余时间，研究者可以考虑，除了观察到的内容，还有哪些是可以添加到研究中的。为此，学前教育研究者经常借用以下方式来使自己的观察结构化，如频次记录、观察清单、事件取样、活动追踪表、连续记录、影像观察以及观察图。

频次记录

凯蒂在自己的研究中使用了结构性观察，据此来了解幼儿园是如何支持民族多样性发展的。同时，她要做一个系统调查，了解不同幼儿园的学习资源都有哪些。为此，她自己设计了一个统计表，要了解的资源包括幼儿园内的游戏拼图、书籍、表演服装、玩具食品以及墙上的海报等能体现民族多样性的各种物品。依照这样的思路，凯蒂需要做统计分析，借此了解幼儿园里所有可以作为民族多样性代表的物品（见表 5-1）。

表 5-1　涉及民族多样性的书籍统计

提示：计数结果能说明幼儿园里究竟有多少书籍体现了民族多样性。	
特征	数目
单一文化（白人）	卌 卌 卌 卌 卌 卌 卌 卌 |||
单一文化（黑人）	卌
单一文化（亚洲人）		
多元文化	卌 卌 卌 卌 卌 卌 卌 卌 卌 卌
双语	卌 |（三本书文字为波斯语与英语，三本书文字为索马里语与英语）

观察清单

在使用观察清单进行观察时，研究者要聚焦在一名或一组儿童、一名或一组教师身上，然后系统地提出一系列具体问题（见表 5-2、表 5-3 和表 5-4）。

表 5-2　单个儿童观察清单

儿童正在做什么？
儿童在谈论什么？
儿童在看哪里？
儿童在看谁？
儿童在和谁说话？
儿童说了什么？
儿童提了什么问题？
谁回答了问题？

表 5-3　一组儿童观察清单

是谁？正在干什么？
是谁？正在谈论什么？
儿童在玩什么？
儿童在和谁玩？
儿童在和谁说话？
儿童说了什么？
谁问了问题？
谁回答了问题？

表 5-4 观察记录表

<table>
<tr><td colspan="5">观察者：__________
观察地点：__________
被观察者：__________
儿童年龄：__________
观察目的：__________
观察时间：__________</td></tr>
<tr><td>时间</td><td>对象</td><td>事件</td><td>儿童的关注点</td><td>儿童的言行</td></tr>
<tr><td></td><td></td><td></td><td></td><td></td></tr>
</table>

思考

阅读下面的个案并思考问题。

· 凯蒂的研究总问题是什么？

· 凯蒂使用了哪种结构性观察方法？

个案研究

3 岁儿童怎样进行社会性交往？

加里（Gary）的研究问题是 3 岁儿童如何进行社会性交往。他想要深入了解这些处于语言发展期的儿童如何在游戏中让对方明白自己的意思。教师告诉加里，他应该重点关注那个叫帕姆的 3 岁女孩。于是，加里提前在不同情境下观察了帕姆多次。以表 5-5 所示的花园中的观察为例。加里提前告诉女孩的父母亲、女孩自己以及她的老师，自己要进行观察。在征得所有人同意后，加里对帕姆一共观察了三次，并将这个观察作为研究项目的一部分。

表 5–5 观察记录表（样例）

观察者：加里 观察地点：希尔·维尤儿童看护中心（Hill View Children's Centre）花园里 被观察者：帕姆 儿童年龄：3 岁 观察目的：记录帕姆进行社会交往的真实情况 观察时间：2004 年 10 月 10—20 日				
时间	对象	事件	儿童的关注点	儿童的言行
10 月 10 日	P. 和 J.	J. 正在玩玩具割草机	P. 看着她	
10 月 11 日	P. 和 J.		J.	
10 月 12 日	P. 和 J.	P. 拿了另一台玩具割草机，跟着 J. 在花园里转	J.	
10 月 14 日		P. 的玩具割草机碰到了我	我	P. 说："看，各种颜色。"
10 月 15 日	P. 和 J.，还有 S.			
10 月 16 日	S.，P. 和 J.	P. 丢下玩具割草机，拿起玩具小汽车玩		
10 月 17 日	S.，P. 和 J.	S. 拿起了玩具割草机 P. 在玩玩具小汽车，S. 追着 J. 要玩具割草机	J. 追着 P.，要玩具割草机	

续表

时间	对象	事件	儿童的关注点	儿童的言行
10月19日	S.、P.、J.和其他教师	P.爬上旋转木马，玩了一会儿，然后跳到木板上	教师把玩具割草机给了P.	P.朝着S.大喊："那是我的，那是我的。"
10月20日	S.、P.、J.和其他教师	P.从旋转木马上跳下来，向S.索要她的玩具割草机 P.拿着玩具割草机，朝木板走去	P.追着简（Jane）要她的玩具割草机	J.和P.一起边跑边笑

在观察中，加里发现，孩子们特别有兴趣和他一起玩，这使得他很难去做观察记录。通过多次尝试，他发现，只要先和孩子们一起玩20分钟，然后再集中观察10分钟，就可以做观察记录。结果表明，这个方法完全行得通。

加里在观察中发现，即使是3岁大的帕姆，她也不能完全用语言表达，但依然会全身心地参与到活动中。加里观察到，帕姆花了很多时间去看其他孩子在做什么，然后自己模仿着做。在这个过程中，加里注意到，帕姆在参加绘画和建构活动时，也使用了这样的策略。加里的观察再一次证明，年幼儿童的游戏活动具有很高的社会性。

事件取样与连续记录

萨拉正在研究性别对儿童友谊的影响路径。从观察的角度看，她观察的问题非常聚焦，因为她只需要观察那些文献中罗列的、被性别影响的行为即可，而不需要观察其他。这种只将观察集中于某个特定目标行为上的观察方法，称为事件取样法。事件取样的过程，就像萨拉做的一样，一看见目标行为出现，就立刻记下来。

在观察过程中，萨拉把那些带有性别特征的交往行为抽取出来，进行连续记录。这种连续记录的方式，就是要把和观察行为相关的所有内容，包括看到的和听到的，都详细描述和记录下来。在观察期间，萨拉曾一天记录过25组带有性别特征的对话。为此，萨拉采用了一种独特的编码方式，帮助自己快速记录观察内容，以节省时间，这要比一字一句记下所有人的名字容易得多。

连续记录1

T=教师

I=伊莎贝尔

L=露丝（Lucy）

T走到桌子旁边，问这两个女孩想用哪个颜色的卡片来制作小海报。I和L都选择了粉色卡纸，然后拿起笔开始画。

L："你在做什么？"

I："我在画垃圾箱。看，像这样！"I给L看她的画。

L："哦，是的！"两个女孩紧挨着坐在一起，然后又各自安静地画了一会儿。

I："你可以给我写一个'r'吗？"I弯下身，在L的海报上写下"r"。

L："哦，我都不知道该怎么写了，你看你写成那样了。"

I笑了，L也跟着笑了。

连续记录2

A=安娜

P=皮特（Peter）

做游戏的时候，安娜是唯一一个坚持要和男孩一起踢足球的女孩。她和皮特两个人挨着坐在地毯上看一本有关足球的书，书名叫《小猪普雷斯顿》（*Preston Pig*）。

A：“我喜欢踢足球，而且我踢得很好。”

P：“嗯，是的，你的确踢得很好，但是我踢得更好。”

A：“你支持哪个球队？”

P：“韦斯特·汉姆（West Ham），因为他是最厉害的。你支持哪个？”

A：“吉林汉姆（Gillingham），我打算将来和他一样。”

这两组连续的观察记录，都是在记录目标行为，即带有性别特征的交往行为。这两组连续的观察记录证明了一个非常有趣的现象，那就是带有性别特征的交往行为加强或巩固了友谊。第一组观察记录展示了两个女孩之间顺从、积极、有益的同伴关系（Thorne，1993）。萨拉在后面的研究反思中也提到，事实上，她的观察行为也在改变被观察者的交往行为。

影像观察

有些研究者在观察过程中发现，直接为儿童拍摄影像，是一种很便利的观察方式。当然，直接拍照片或者录制视频还是存在明显的伦理缺陷的。因此，进行影像观察前，研究者一定要征得所有参与者的同意，要向他们详细说明所录影像是用来干什么的、谁会看到这些影像、影像资料在哪里保存以及保存多久（Willan，2004）。阅读下面的个案，从盖尔的研究经历中，你能否列出使用影像进行观察的优点和缺点？

在观察中，我尝试去记录孩子自然发生的数学活动行为表现，但后来发现这几乎不可能。孩子年纪越小，越不会静静地坐在那里。他们会不停地走来走去、动来动去，一会儿做这个，一会儿做那个。我觉得自己根本跟不上他们，也不能快速记下他们的活动。很多我想要记录的内容，几乎没办法记录。有时候，我觉得记录对我来说是个干扰，因为孩子对我写字这件事非常感兴趣，会一直围过来。最后，我试着用影像的方式记录。结果我发现，孩子并不会注意我在用相机，所以你可以把相机放在膝盖上，这样既不会显得太明显，也不会干扰到观察对象。于是，我整天拿着相机。时间一长，孩子习惯了相机的存在，觉得它就像是我身体的附属物一样。使用相机进行观察的最大好处是，你能够了解事件发生的整个背景。在用纸笔进行观察时，研究者能记录事件本身，却很难顾及事件发生的背景。在观察中了解事件发生的背景非常重要，因为孩子的数学活动行为表现大多都深嵌在游戏活动中，研究者只有多次反复观察影像资料，才能真正发现孩子数学活动行为表现的踪迹。如果没有背景资料的存在，那将一无所获。

盖尔在观察中发现，儿童不会对录制影像产生特别兴趣，所以观察的过程与他们活动的关系不大，更不会产生什么影响。但是，罗尔夫（Rolfe）和埃米特（Emmett）（2010）认为，录制影像对观察极具干扰性。不过，这种干扰可能是由于教师和儿童之间的关系太过亲密造成的，而不是由相机引起的。由此可见，使用影像观察的最大好处是在录制的影像里，研究者可以不断重播某些特定的行为，很多细节和细微的表现可以被记录下来，得到解释（Rolfe & Emmett，2010）。虽然转录连续的视频镜头不但需要一些特殊的技巧，而且费时间，但是因为行为和行为发生的背景都能被完整地录下来，所以转录的过程有助于对观察行为的讨论和解释。

观察图

伊莱恩（Elaine）在研究小组对话疗法（group therapy）时，借用了观察图的形式来进行观察。如图 5-1 所示，她用画图的方式记录了参与者的活动。

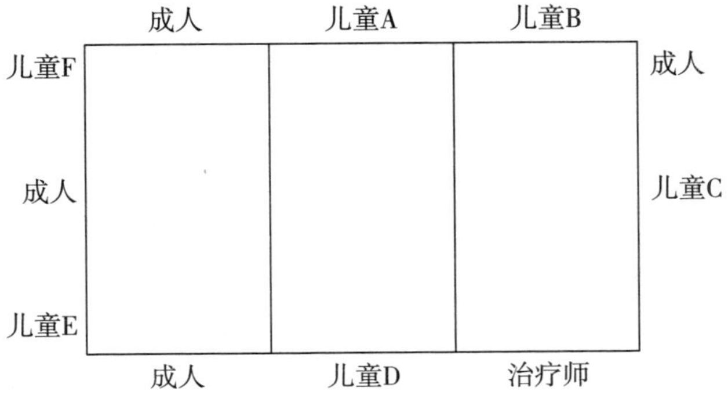

图 5-1　观察图

图 5-1 所示的观察图清晰展现了儿童 C、D、E 和 F 如何被教师和治疗师分隔开来。这看起来很讽刺，因为在整个小组对话治疗过程中，成人反而成了障碍，影响了儿童在小组活动中的合作和交流度。更有意思的是，伊莱恩在观察中发现，她的出现没有给儿童造成影响，反而对成人，即教师造成的影响更大。其中，一名教师靠着她坐下来，半开玩笑地建议："我希望你不要把这些写下来。等你回去以后，千万不要让别人知道我是那样做的。"伊莱恩一再向教师保证，自己的研究是匿名的，教师和学校的名字都不会出现。临走时，她也给学校留下一份研究报告，打消了教师的顾虑。但是，为什么教师会如此受观察者的影响？原因可能在于，被观察的教师始终觉得他们在观察中处于被评价、被判断的位置，观察者的记录对他们的影响很大。所以，在实际观察中，观察者要对此有一定的敏感性，知道观察行为本身可能会改变教师的行为。伊莱恩还将自己在小组对话治疗活动中的所有记录内容都展示给教师看，以此来减轻他们的焦虑和不安。

参与式观察

参与式观察是指研究者实际参与，并加入儿童和教师的日常生活和常规活动中，最终被纳入要研究的情境里。通过参与这些活动，观察者可以亲身体验并理解研究问题，获得第一手资料。所谓参与，是指观察者全身心地参与到自己的研究问题中（Denscombe，2007）。在参与式观察中，由于研究问题不同，研究者的参与程度也不同。总体来说，参与式观察需要耗费大量的时间和精力。

参与式观察的核心是观察者要花费大量的时间与儿童、教师待在一起。这种观察的最大好处是观察者可以全面了解观察的情境，了解教师、儿童和家长，收集大量的、高质量的数据。在参与式情境中，大家都认识观察者，所以观察者可以名正言顺地挖掘许多细节以及情境中的细微变化和复杂情况，同时与被观察者建立起相当牢固的友谊。基于此，观察者要花很多时间去观察。在观察之外，他也需要着手拓展那些重要的人际关系。正如下面个案所显示的，观察者在学校里花费的时间越多，收集到的事实就越多。

思考

观察清单

下面所列问题有助于观察者反思自己的观察过程。

- 观察法以何种方式解答研究问题？
- 选用了结构性观察还是非结构性观察？为什么？
- 如何了解观察内容？
- 观察对观察者的影响是什么？
- 观察中须注意哪些伦理问题？
- 观察的困难和难点是什么？

下面的个案来自研究者对自己 4 岁儿子杰克的观察。研究者认为，正如贝克（Barker）和彼德力（Petley）认为的那样，儿童观看大量的视频，可能会影响其创造力和想象力的发展。但当研究者开始观察杰克，观察他在看完视频以后的游戏行为时，研究者却发现，事实并非如此。这种观察就是参与式观察。研究者全身心地投入儿子的游戏中进行观察，而不是站到一边，远距离地进行观察。

个案研究

我想了解视频究竟在杰克的游戏活动中产生什么作用，因此在和杰克一起做游戏的过程中，我详细记录了杰克使用的符号、玩具和开展的游戏情节。通过反思，我发现观看视频确实影响杰克的游戏行为。在杰克玩游戏的过程中，我粗略记录了杰克在游戏中的行为，并将其转录下来进行分析。在家里和学校里，我用这种参与式观察的方式，整整观察了杰克三个月。

通过参与式观察获得的诸多资料显示，杰克会像视频中展示的那样，会拿着他的木头火车玩，会重组故事情节，会以不同的、更富有想象力的方式叙述。杰克会使用不同的玩具，会在不同的情境下借用其他的不同符号改变情节。很多符号、标记以及富有想象力的故事情节交织在一起，出现在他的游戏活动中，如托马斯火车（Thomas）得到了蜘蛛侠（Spiderman）的帮助，然后将邮递员巴（Pat）的信准时送达。家里其他人，还有班上的带班教师告诉我，杰克的游戏中经常出现很多电视节目的内容。这些其他情境里的不同“声音”再一次确认了研究的效度。很多研究指出，视频影像是儿童创造性和想象力发展的重要推手，它潜在地激发了儿童的创造性和想象力（Buckingham，1993）。这次研究彻底颠覆了我的偏见和认识。

在参与式观察中，我加入杰克的游戏中，获得详尽的“内部”资料，深入探究杰克的游戏活动。通过视频，我记录了他在游戏中的语言。我也通过视频发现了诸多细小、复杂、互相联系着的事实。有时候，杰克见我在做记录，显得很不高兴。他说："写东西，并不是在玩游戏。"于是，我赶紧停下来，和他一起去玩，等以后再去记录，这样能更了解杰克是怎么玩的、玩的情境是什么。自此以后，我更乐意他在丰富的情境中做游戏。

总结

通过本章，你知道了以下内容。

- 研究者为什么采用观察法进行研究?
- 结构性观察法和非结构性观察法的具体实施过程。
- 进行批判性地看和听。
- 各种观察实例展示。

推荐阅读

I. Palaiologou. *Childhood Observation* (*Achieving EYPS*) [M]. Exeter: Learning Matters, 2008.

这本书主要为专业人员而写，尤其适合期望在学前教育阶段对儿童实施系统观察的人阅读。该书清楚地区分了不同观察方法的适用范围，对从事学前教育研究的新手而言很有价值。

S. Rolfe, S. Emmett. Direct Observation [M]//G. MacNaughton, S. Rolfe, I Siraj-Blatchford. Doing Early Childhood Research: International Perspectives on Theory and Practice. 2nd ed. Buckingham: Open University Press, 2010.

本书这一章概述了观察在学前教育研究中扮演的角色，介绍了使用各种观察技术的研究案例。

第六章　倾听儿童

本章学习目标

- 认识到儿童可以用各种方式表达自己的想法。
- 熟知学前教育研究与儿童参与之间的关系。
- 掌握倾听儿童的多种方式。
- 了解儿童作为共同研究者的角色特点。
- 理解马赛克法。

有意义的儿童参与及其文化发展

当下，倾听儿童已经成为核心问题。这代表着儿童以及儿童在学前教育机构中的参与程度有了长足发展和进步。学前教育研究者需要在自己的研究中体现这一理念。

儿童参与的增加主要体现在以下方面。其一，儿童作为儿童服务消费者的概念得到确认。与其他消费者类似，儿童这个消费者的声音需要体现在儿童服务中。其二，儿童经常被看作是家庭或者设施的一部分，很少被看作是自己拥有独立权利的群体。其三，儿童的需要经常被围绕在周围的成人打断，而这些成人貌似代表儿童的利益，为儿童发声。对儿童参与产生影响的这三方面，主要源自联合国《儿童权利公约》的要求。在某种意义上，儿童参与权的变化，昭示着一种文化的发展，即从为儿童研究转向与儿童一起研究。

有意义的儿童参与，需要幼儿园从单向的倾听转向为儿童参与提供支持性条件。当成人和儿童之间建立起相互信任和尊重的关系，并且将儿童的观点和看法深深嵌入其中时，这种文化转向必然发生。儿童应该看到自己的观点和看法不仅被听到了，而且在实施。也就是说，倾听儿童仅是其中的一层意思。另一层意思是，这些听来的观点和看法需要被实施。只有采取实际行动，所谓的儿童参与才不至于被认为是象征性的参与（Kirby et al.，2003）。

假使在童年时期，我们就鼓励儿童参与那些抉择影响他们日常生活及环境的事情，那么这种早期经验的输入一定会产生实际效果。当儿童长大后，他们会更喜欢参与活动。当包容性和参与性深嵌在儿童的日常思维和行为中时，幼儿园必然会发生更广泛的文化转向。将儿童纳入某个研究项目中，就是这一转向发生的一部分。

以下列举了儿童理应被纳入学前教育研究中的各种原因（Kirby et al.，2003）。

对幼儿园的实践有益

· 提升保教质量。

· 支持并确保个体的最佳兴趣（如改进学习、促进健康以及增加游戏机会等）。

· 优化服务体验（如增强情绪意识、减压以及获得安全感等）。

· 接受并使用服务。

· 强化服务责任。

保障公民权，促进社会融合

· 接纳和包容被排斥者（如儿童、护工、收容者和残疾儿童）。

· 满足儿童想要参与并决定自己生活的期望。

· 增强儿童的自我保护意识。

· 提高技能，丰富知识，提高自信。

· 保障公民权，提升教育的政治功能，包括增进有关儿童权利、儿童权利构成、儿童服务等方面的知识。

· 提高行动的独立性和责任感。

· 强化儿童服务的所有制并提高服务水平。

· 提升社区意义和归属感。

要形成以上所述的参与性研究文化，创造性地、满怀敬意地倾听儿童是其真正的起点。

什么是创造性倾听?

在意大利北部小镇瑞吉欧·艾蜜莉亚（Reggio Emilia），幼儿园里的儿童通常被看作是具有创造性和有能力的。他们拥有多种多样的自我表达方式，如语言、动作、绘画、素描、雕塑、影子游戏、拼贴画和音乐（Edwards et al.，1998）。各种各样的创造性表现方式，被称作儿童的百种语言。

下面这首诗歌描绘了这一美景。

孩子有一百种样子。
孩子有
一百种语言，
一百双手，
一百个想法，
一百种思考、游戏、说话的方式。
一百种语言，
是一百种倾听、惊喜和爱的方式，

是一百种歌唱与了解的喜悦。
一百种世界，
等着孩子们去发掘；
一百种世界，
等着孩子们去创造；
一百种世界，
等着孩子们去梦想。
孩子有一百种语言，
(还多了一百种的百倍，再百倍)
但是，他们偷走了九十九种。
学校和文化，
把脑袋和身体分开。
他们告诉孩子：
“不要用双手去想，
不要用脑袋去做，
只要倾听，不要说话，
了解，但毫无喜悦，
只有在复活节与圣诞节的时候，才去爱和喜悦。”
他们告诉孩子：
“去发现早已存在的世界，
在一百种当中，
他们偷走了九十九种。”
他们告诉孩子：
“工作与游戏、
真实与幻想、
科学与想象、
天空与大地、
理由与梦想，

不是同一国界的。”
因此，他们告诉孩子，
一百种并不在那里。
孩子说：
“不，一百种在那里。”

这首诗歌，对于学前教育研究者和教师来说，有重要意义，因为它始终在提醒我们，倾听儿童不能仅局限在儿童诉说的世界里，也要关注不能用语言诉说出来的世界。瑞吉欧·艾蜜莉亚的幼儿园将倾听的重点放在创造性艺术表现上，这对人们通常认为的视觉艺术次于语言交流的观念提出了挑战。事实上，当儿童还没有拥有丰富的经历和词汇时，用口头语言表达自我其实是一种压力。反过来，借助游戏、绘画、素描以及其他表达媒介，儿童可以充分地表达自我。对于那些处在前语言期或语言发展迟缓、英语是第二语言的儿童来说，强调用视觉方式进行交流和沟通，其实是潜在地强化了儿童的自我和自信（Lancaster & Broadbent，2010）。因此，倾听儿童的声音实际上是一个开放的过程，即面向任何儿童，进行真实、创造性地观点和经验表达。

英国国家儿童局在定义倾听时，将创造性列为倾听的核心。他们认为，倾听是指以下内容。

·一个在交流和沟通中接受、解释和反馈信息的积极过程，包括各种感觉和情绪表达的方式，而不只是口头表达

·一个确保所有儿童都参与进来的必经阶段

·一个了解并熟悉儿童自己日常生活经历的个体性持续发展过程

·一个与特定授权、选择、事件或机会等进行协商的过程

以这样的方式来理解倾听，为儿童营造了一个他自己会觉得自信、安全和充满力量的氛围，确保儿童有充足的空间，以自己觉得适宜的方式表达自我。

创造性倾听的核心在于，成人要不断地提高儿童交流、表达自己愿望

的兴趣。儿童的百种语言就是儿童表现自我的方式，它们等在那里，等着被研究者听到。很显然，只有研究者关注百种语言，儿童的声音才能被听到。

研究者一旦开始和儿童一起工作，儿童的力量、能力和技能就会清晰和具体地展现出来，成人也会了解儿童。这样的经历，帮助在研究者和儿童之间形成有利于对话和理解的氛围。儿童进入这种相互尊重的环境中，其态度、角色和能力也能发生改变，继而有更大的创造性、更新的观点以及更深刻的理解，还不仅是研究者想要调查的问题，也是关于社区的重要认识（Mann & Laws，2004）。

在研究过程中，研究者持续性地以全新、创造性的方式将儿童纳入进来，促使研究变得更具包容性和参与性，研究者也会变得更加敏感和令人尊敬，而他们又恰恰处在倾听儿童百种语言的最佳位置上。于是，一种叫作马赛克法的研究方法走到了前面，它可以更有效地看到儿童对周围环境的创造性反应。

马赛克法

马赛克法是一种将视觉艺术和口头语言表达结合起来的研究方法。它将以往所有的传统方式和全新的倾听方式放在一起，以了解儿童在幼儿园里产生的各种看法和经验。这种多方收集儿童信息并将其像马赛克一样拼接在一起的过程，在很大程度上改变了教师在幼儿园里的工作方式。

被收集起来的信息，称为档案。在记录和收集档案内容的过程中，研究者需要多方收集资料和证据，如观察并记录叙述的故事、与儿童协商的过程、教师和父母的言行、儿童的绘画作品、儿童的活动照片以及儿童地图等。所有这些都是包容的，这种大范围、多方获得的证据通过马赛克的方式展现出来，被称为马赛克法（见图 6-1）。

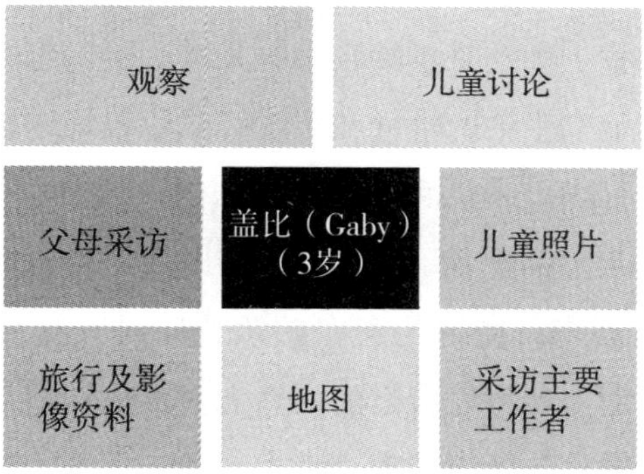

图 6-1　马赛克法（举例）

一般情况下，使用马赛克法需要经历两个阶段。

阶段 1：儿童和成人一起收集档案资料。

阶段 2：将所得信息一点点堆积起来，以供对话、反思和解释。

马赛克法就是将叙述者的叙述和个体形象一点点拼接起来，帮助研究者更好地理解什么是儿童的优先权（Clark，2005）。

通过马赛克法，儿童可以自己解释照片、绘画作品以及旅行内容。他们成了自己生活的主人和专家，而不仅是拥有这些经历的人。马赛克法能为各种各样的声音提供一个表达的空间，就像我们对儿童的认识一样。“真正被看到的，是拎出来的另一把椅子，但其实还有其他椅子已经在桌边，并在抉择过程中展示给其他人，如父母亲、保育人员、教师和政策制定者，当然幼儿园也应被纳入进来。”（Lancaster & Broadbent，2010）这样看来，马赛克法是一种倾听的方式，也是一种将儿童和成人视为共同建构者的方法。由于马赛克法将儿童自己的观点与其他来自家庭和幼儿园的成人观点结合在一起，所以它也是一种多重的倾听方式。

相机使用的伦理问题

让儿童自己使用相机并为自己的幼儿园拍照片，是近些年来兴起的研究新方法。这种方法为儿童提供了证明自己拥有突出的视觉语言能力的可能性。儿童知道成人喜欢照片，也觉得照片很有价值，所以他们喜欢用拍照的方式来表达自我。即便是年龄较小的儿童，他们也完全有能力用拍照的方式来记录影响他们生活的事件和情境。照片很好地记录了儿童日常生活的方方面面，可打印出来供后续讨论。

现下，很多幼儿园都配备了相机、电脑以及照片打印设备。这些物美价廉的数码产品的到来，使得儿童在拍照的同时，能看见自己所拍的作品。快速处理的过程令儿童将自己的注意力全部放在照片上，因为如果在拍完照片几天后才看到的话，儿童会失去兴趣，也不能准确描述和解释为什么要拍这些照片。对于年幼的儿童来说，轻便式相机也是一个不错的选择。轻便式相机体型更小、更轻，更方便儿童将其装在衣服口袋或背包里，平时也能随身携带。

如果研究者自己或者让儿童在幼儿园里拍照片，那么他必须确保获得过幼儿园园长、教师、儿童父母亲以及儿童自己的准许。从伦理上来说，更重要的问题是研究者应该通知相关者计划在幼儿园里拍照片。同时，父母亲和教师还要更加详细地知道为什么要给儿童拍照、拍的照片怎样处理。因此，研究者一定要让幼儿园知道拍的照片保留多长时间、什么时候销毁。如果研究者想要带走这些照片并在研究中使用，那就一定要确保儿童拥有全套照片。这意味着研究者需要打印两套照片。

有时候，幼儿园会要求研究者和儿童在拍照时不要拍到人脸。从伦理的角度来说，这非常重要。如果儿童在拍照时拍到了其他儿童，那么就有必要问一下被拍的儿童，自己是不是愿意被拍？如果愿意的话，自己要不要这张照片？有些时候，被拍的儿童根本不愿意被拍，研究者要酌情处理好这些问题。

儿童照片与徒步旅行记录

在马赛克法中，更具包容性和参与性的倾听技术是旅行记录（Clark & Moss，2005）。这种行走着的视觉表达方式为儿童提供了分享的机会，让别人有机会了解儿童对周围环境富有想象力的认识和看法。在某种程度上，旅行记录与行走中的访谈有些类似。但它与访谈不同的是，在旅行记录中，儿童负责安排日程，确定行走的地理位置。旅行记录可以是单个儿童的行为，也可以是两三个儿童的行为。在旅行结束时，儿童绘制自己旅行的地图，用拍到的照片把重要的地方标注出来。在绘制旅行地图的过程中，儿童的绘画和照片都会被用到，因此这是一个相当具有包容性和参与性的活动，它以儿童的视角揭示幼儿园里最有价值的信息。

儿童的照片可以被视作是他们自己生活的一部分。如我们可以给初入园的儿童一个相机，让他记录自己在幼儿园里的常规活动，尤其是用相机拍下自己喜欢和不喜欢的东西，类似自己玩过的玩具、去过的房间以及户外场地等，然后将这些照片打印出来，整理、制作成书并配上简介和评论，如为什么拍这张照片等。这本书可以让儿童带回家，与父母分享，儿童亲自解释照片的含义。这种记录儿童在幼儿园活动并形成档案的方式非常有价值，因为所有家长看到儿童在幼儿园的所作所为后，都会很兴奋（Lancaster & Broadbent，2010）。

除了以上提及的从儿童视角出发的研究方法，研究者还可以通过访谈父母和教师来倾听儿童，了解他们的想法。由于他们是最熟悉儿童的人，因此这些人的看法应该包括在内。在设计访谈提纲时，研究者可以考虑以下这些问题。

- 你的孩子喜欢在家做什么？
- 你觉得孩子对幼儿园的印象如何？
- 你的孩子怎么看待幼儿园？
- 在幼儿园里，你觉得怎样才算是孩子美好的一天？
- 在幼儿园里，你觉得怎样才算是孩子糟糕的一天？

有时候，父母和教师的视角刚好回应了儿童的观点和看法。有时候，父母和教师的视角恰好与儿童的观点相左，并不一致。不管怎样，大范围收集到的资料，可以全面反映儿童在幼儿园的各种经历。

个案研究

帕姆今年3岁。教师记录下了帕姆认识自己的房间以及游玩的过程。教师先向帕姆说明，帕姆的爸爸妈妈想要知道帕姆对房间和游玩的喜好程度，所以需要拍些照片。教师要记录的事情主要有两件。

· 帕姆喜欢房间里的什么？不喜欢房间里的什么？

· 帕姆在公园时，喜欢公园里的什么？不喜欢公园里的什么？

研究结束之后，教师和帕姆的爸爸妈妈一起分享并解释了这些照片。教师讲，帕姆起初有些不安，因为使用相机时遇到了麻烦。但是当相机突然一响，自己的形象进了照片里，她的自尊和自信一下子迸发出来，开始喜欢上了拍照。帕姆高兴地让教师带她在房间里转，拍照片，又在去公园的路上讲自己最喜欢的东西。在帕姆拍照的过程中，教师也记录下帕姆自己对照片的评论。

帕姆的视觉之旅

帕姆说："我不喜欢电视，因为它像眼睛一样盯着我。"（见图6-2）。

图 6-2

帕姆说："我喜欢书。"（见图 6-3）。

图 6-3

帕姆说："我喜欢看窗外，因为所有的东西都在窗外。"（见图 6-4）。

图 6-4

帕姆说："我喜欢这些篮子，因为里面有我最喜欢的玩具。"（见图 6–5）。

图 6–5

帕姆说："我不喜欢这个架子，因为我刷牙的时候，头碰到了架子。"（见图 6–6）。

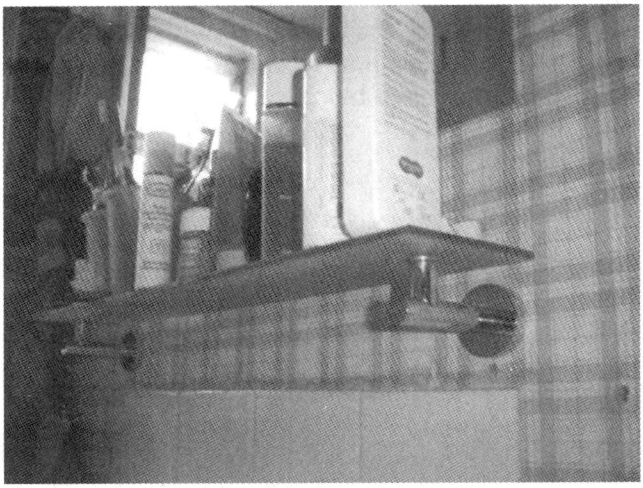

图 6–6

帕姆说："我认识字母P，我的名字里也有。"(见图6-7)。

图 6-7

帕姆说："我喜欢坐爸爸的自行车。"(见图6-8)。

图 6-8

帕姆说："我喜欢藏在这下面，我最喜欢的颜色是黄色。"（见图 6-9）。

图 6-9

当教师觉得帕姆能自己掌控这趟视觉之旅时，她便处在听者和学习者的位置上了。他将相机交给帕姆，由帕姆自己决定怎样拍，这显然是一个明智的选择，因为她是一个非常安静的孩子。有了相机后，这种视觉表达方式给了帕姆展示的机会。通过拍照，我们更深入地了解帕姆的思考过程以及她对周围环境的认识。拍照结束后，教师改变了房间的布局，顺应帕姆对周围环境的表达，如把浴室的架子换成了立式工具架，避免帕姆碰到头；把书柜里的电视朝里面转过去；把书和周围环境里的字母 P 找出来。帕姆还去街道上拍字母 P。当然，教师自己并没有意识到，帕姆能这么敏锐地察觉到周围环境里有如此丰富的资源。看来，这些发生在日常生活中的小变化并不引人注目。但是，当帕姆意识到教师会采纳她关于周围环境的看法时，帕姆的自尊和自我意识迅速地发展起来。帕姆自然而然地更期望别人倾听她的意见，教师更期望帕姆将自己观察到的内容以视觉方式表达出来。循环往复下去，彼此之间增加的期望会带来更多、更具有参与性的交往行为。

在拍照和制作照片书的过程中，帕姆感受到了自我的力量。能和父母一起分享自己的照片书，她也非常高兴。这些照片将教师的观察和父母关于自己孩子喜欢什么的评论结合在一起。这再一次确认，帕姆喜欢藏在这个地方，找到自己名字里的字母P令她异常高兴，她喜欢有书读等。帕姆的照片被置于谈话的中心，这极大地提升了她的自信心。教师也惊讶地发现，帕姆居然会使用相机，她的掌控能力强有力地提醒我们，只要采用适宜儿童的研究方法，儿童的力量和能力可以更好地展现出来，而不再去暴露儿童的能力缺陷。

从这样一个小小的案例中，我们看到，只要方法适宜，儿童也能拥有富有见地的认识。这同时告诉我们，只要改变现有条件或者全新设计我们的研究，儿童拥有这样的表现是完全有可能的。

儿童的绘画作品

儿童的绘画作品，是儿童为了试图将自己的经历和认识说清楚而采用的一种方式。一幅儿童绘画作品至少可以说明儿童三个方面的发展水平，即认知发展、情感发展和语言发展（Hawkins，2002）。

从认知发展上说，绘画的过程，就是儿童认真思考的行动过程。在这个过程中，儿童需要做大量的思考，知晓并探究外在的世界。从情感发展来说，绘画是儿童探究和了解自己情绪情感状态的方式之一。从语言发展来说，绘画为儿童提供了一个发展视觉语言的巨大空间。有研究者指出，绘画就是儿童的早期书写过程。和真正的书写一样，它可以被看作是儿童表达和表征的方式（Kress，1997）。除了以上益处，绘画还有助于儿童游戏、想象力和创造性的发展。

许多儿童喜欢绘画，也愿意花很长一段时间去画一幅作品。因此，绘画自然成为一种极具包容性和参与性的倾听儿童的方式。所有的绘画活动都是儿童自己发起的，同时也是儿童自己完成的。因此，使用儿童自己的绘画作品来说明问题，更能使研究变得具有非攻击性、非对抗性和参与性（Morrow & Richards，1996）。如果研究者要在自己的研究中使用儿童的绘画作品，那么研究者一定要先征得儿童的同意，然后再去收集和使用。绘画作品通常是个人创造的产物，其中包含很多私人的，甚至是私密的经历和认识。儿童通常会将这些经历与熟悉的人分享，但不太愿意研究者将这些作品带走并让更多的人看，因为这种做法会令儿童觉得研究者从一开始就是有企图的。

儿童对照片的解释

使用儿童绘画作品的潜在局限性，就是研究者很容易将自己的解释和说明输入到儿童作品中。因此，有研究者指出，研究者需要与儿童进行协商，向儿童提出绘画的要求，获得更多富有启发性的证据。事实上，很多儿童画的意义模棱两可或者画面潦草模糊，此时教师应该在儿童画作上配以儿童对作品的说明，以帮助解释作品的真实含义（Alderson，2008）。因此，研究者如果要在自己的研究中使用儿童画，就非常有必要给儿童留出足够的时间和空间，让儿童自己来解释作品。有时，研究者会要求儿童结合自己的绘画作品编一个小故事，或者先编一个小故事，然后再配上插图。对于年龄小的儿童，尤其是还不具备正式书写能力的儿童来说，研究者需要和儿童讨论他画了什么，从而了解作品的意义，这也是一种有效的方法。有时候，当研究者询问儿童画的是什么，儿童会简单回复："就是幅画。"儿童出现这样的回答，很可能是由于作品含义在绘画的实际过程中得到了展现。如果这样，绘画的过程结束，绘画的意义也就丧失了。下面的个案为我们展示了如何在儿童主动参与绘画的过程中去倾听儿童的声音，而不是等绘画结束后再去倾听。只有通过这样的方法，研究者才能真正知道这幅画究竟对儿童意味着什么。

儿童真正想做的事情，是在图画中和自己说话。这意味着，儿童用笔编自己的故事，每一处的潦草笔迹都有独特的意义，展现了故事发展的方向。因此，绘画变成了一次奇妙的旅行，恰似一场活力充沛的奇妙游戏（Coates，2002）。

在下面的个案中，杰克借助媒介手段在自己的绘画作品里重塑了一个新的故事。

个案研究

媒介对儿童生活的影响

研究者观察了幼儿园里六名儿童的游戏情况，收集了他们的绘画作品，然后与这些儿童集中讨论。研究者想要了解儿童在玩什么游戏，这些游戏如何受到电视和录像的影响。在观察过程中，研究者也特别关注了儿童在游戏中使用的电视语言，了解儿童是不是在角色游戏中参考了电视的某些特征以及儿童在游戏中的叙述方式是如何建构起来的。

除了观察以外，研究者也要求儿童在家里和幼儿园里画画，特别是在看完电视以后画画。在绘画过程中，研究者征询了儿童的意见，以决定能否在儿童画画的同时进行录像。以下是杰克看完电视，一边画画一边和研究者说话的记录。电视上播放的是《布鲁姆和顽皮狗》（*Brum and the Naughty Dog*），讲的是一只很顽皮的狗掉进一个很深的洞，然后被卡住的故事。

杰克一边画，一边描述自己的作品，最终形成一个非常丰富的故事。

杰克边画边说："这只狗挖了一个洞……洞穴在这儿，那只狗掉了下去。这里还有另外一个洞，一只兔子掉里面了。"

研究者问："这只兔子在做什么？"

杰克边画边说："这里有一只鼹鼠……"

研究者问："他们都是在地下生活的动物，对吗？"

杰克边画边说："狗不是……这只狗挖了一个非常大的洞。"

研究者问："为什么？"

杰克边画边说："因为它想……它要骨头。鼹鼠想，这只狗要吃这根骨头，所以鼹鼠将骨头沿着洞穴推进去。然后，骨头从这里出来了，狗就能吃掉它。最后，鼹鼠发现了许多骨头，它把这些骨头都给了这只狗……这只狗得到了很多的骨头，然后那根最大的骨头就是克里夫德（Clifford）的骨头。最后，只有克里夫德的骨头了。但是，克里夫德已经吃了很多，它得到了很多、很肥的骨头，看起来就像大屁股。最后，最长、最细的骨头都被克里夫德吃掉了。其中一些……有一根那么大的骨头，它甚至都不放过……最后，并不是最不重要的，即使是更大的那根骨头……鼹鼠继续给它骨头。看，这里有一根沿着洞穴下去了，到了它的嘴里……然后，它把骨头抓住了。"

在观看电视时，杰克明显活跃起来，重新解释了自己的故事。也就是说，儿童在自己对着绘画作品讲故事的过程中，将电视里最初的故事情节做了改动。这时候，儿童使用的语言反映了他的书面语言能力，如"最后"这个词被重复使用多次。非常有意思的是，杰克嘴里多次提到的"克里夫德"其实是另一个电视节目里的狗的名字。杰克的这幅绘画作品（见图 6-10），其实是一个相互交织的复杂故事，绘画蕴含了大量丰富、详细、具有创造性的语言描述，这与成人直接询问时，儿童使用的生硬、费力、简短的描述形成鲜明对比。

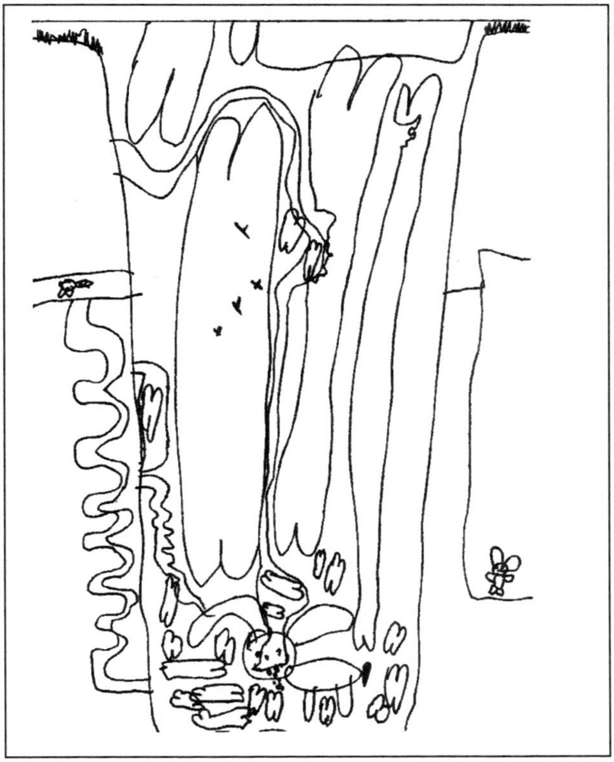

图 6-10　杰克的画

在下面的个案中，萨拉使用观察和小组谈话的方式，同时借助收集绘画作品的方式，向儿童了解朋友之间是如何看待彼此的。

个案研究

萨拉要研究儿童早期性别和友谊之间的关系，并要了解儿童性别如何影响儿童的友谊。她用到的其中一个方法是让儿童为自己的好朋友画一幅画，然后在画的旁边写上自己选择他当自己朋友的理由。

约翰和皮特是一对好朋友。他们告诉萨拉，彼此是好朋友，还一起画了一幅画（见图 6-11）。约翰画了画，皮特写下他们的名字。这幅画使得两个男孩的谈话变得更聚焦。他们一边画，一边讨论自己为何选择对方当自己的好朋友。

图 6-11　约翰和皮特的画

萨拉说：“我想让你们为自己的好朋友画张画，然后告诉我，你为什么喜欢他。记住，只画那个最特别的朋友，因为如果把不喜欢的人画出来，那是不好的。如果在你们画画时，我录下我和你们的谈话，你们觉得可以吗？如果录下来的话，我们可以回看。你也可以告诉我你说过哪些话，我把它写下来。你们觉得如何？”

约翰说：“好的，没问题。”

皮特说：“是的，就是那个和我一起玩的人。”

约翰说：“查理（Charlie）有很长的头发，是不是？就像这样。”

皮特说：“我们喜欢和查理一起玩，因为他喜欢火箭，我也喜欢火箭。”

约翰说：“它们爆炸以后，就会非常非常快，就像这样……”

约翰起身，模仿火箭起飞的样子，嘴里发出声音。

约翰说：“我现在想画另外一个人，威廉姆（William）。我喜欢跑步，我经常是第二名。我们在一个队里跑，我是第二名。”

皮特说：“好朋友是好玩的，我们都喜欢和他一起跑步。威廉姆也喜欢和我们一起跑步。”

萨拉说："还有谁是你的好朋友？"

约翰说："乔治（George）是。他有很长的头发，就像这样。看，他就是这个样子。我喜欢乔治，因为他玩骑士一类的游戏，要用剑砍所有的东西。剑能把房子砍倒。他家里有一把木头的剑，他说是他的爸爸给他做的。我曾经也玩过这些，我们一起对打。有一次，他打到了我，很严重，把剑都卡在树上了。"

皮特说："我喜欢艾力克斯（Alex），因为他有很多柔软的玩具，他把它们带来给大家看。那时候真是黄金时刻，因为我们可以在活动室里玩那些玩具。他带来了企鹅、大河马，因为我是他的朋友，所以我可以玩这两个。这就是为什么我们是朋友的原因。"

萨拉说："你怎么选朋友？"

约翰说："我跑到他跟前。我说：'我能和你一起玩吗？你在玩什么？这是谁的游戏？'然后，他们说'行'或者'不行'。如果他们说'不行'，我就走了，去和别人玩。如果他们说'行'，那我就参加游戏。"

萨拉说："你会和女孩一起玩吗？"

皮特说："大多数时候，男孩和男孩一起玩，女孩和女孩一起玩。卡米尔（Camille）、莫利（Molly）和男孩一起玩，他们是一个班的。"

有儿童的画作为依据，研究者和儿童的谈话就变得比较聚焦。这样，通过收集儿童的画作和谈话内容以及萨拉自己和教师的观察，我们一起确认了儿童友谊的性别模式。萨拉也将自己的研究结果分享给同事，和他们一起讨论用什么样的方法来打破男孩对女孩的刻板印象，反过来也一样，打破女孩对男孩的刻板印象。这样的方式，即倾听男孩的对话和收集男孩的画作，能引发我进行更深刻的课程思考。

总结

通过本章，你知道了以下内容。

- 创造性地倾听和参与让儿童强大。
- 创造性倾听中马赛克法的使用。
- 儿童作为共同研究者的作用以及安排研究日程、收集和解释证据的可行性方法。
- 儿童自己解释画作和照片的重要价值。

推荐阅读

A. Clark，P. Moss. *Space to Play：More Listening to Young Children Using the Mosaic Approach*［M］. London：National Children's Bureau，2005.

这本书展现了在户外环境中倾听儿童的多种方式，提供了全面又细致的建议以及合并儿童多种表达方式的可能性。

Y. Lancaster，V. Broadbent. *Listening to Young Children*［M］. 2nd ed. Maidenhead：Coram Family and Open University Press，2010.

这本书能支撑实践者理解倾听的意义并知道如何去回应儿童。它提供了创造性倾听儿童的多种方式，同时为早期儿童研究介绍了数据采集的具体方法。

第七章　访谈法

本章学习目标

- 了解与儿童、成人谈话的各种方式。
- 能意识并考虑到谈话时的伦理问题。
- 在谈话中使用录音设备。
- 学会综合使用谈话法和问卷调查法。

访谈的类型

访谈有多种类型，最主要的类型有以下几种。

1. 结构性访谈
2. 半结构性访谈
3. 非结构性访谈
4. 小组集中访谈
5. 邮件访谈

结构性访谈，与问卷调查法相似，都要使用一系列预先设计好的问题，要求被试按顺序回答一系列问题。这些预先设计好的固定问题，被称作访谈提纲。它决定并掌控着访谈走向。相比较而言，半结构性访谈和非结构性访谈，则将注意力从研究者身上转移到被研究者的观点和兴趣上，重点不在研究者想知道什么，而是被研究者知道什么。在半结构性访谈中，访谈是变化的，访谈实质性内容的多少更多依赖于访谈的进行状况。访谈者的角色是服务者和支持者，鼓励被访谈者表达自己的想法和观点。访谈者要让访谈中的问题“来回旋转”，然后仔细倾听，随时就访谈中出现的观点进行发问，从而进一步丰富访谈问题。可见，从访谈一开始，访谈者就有必要直接抛出一个问题，然后做一名认真的听众。之后的访谈方向和内容，更多来自被访谈者的贡献。结构性访谈和非结构性访谈实际上处于一个连续体上，访谈过程始终在有结构和没结构之间来回做钟摆运动。当然，半结构性访谈和非结构性访谈能给被访谈者提供更多的表达空间，以便访谈者从容地回应访谈问题，表达自己觉得最重要的观点。

访谈导引

在半结构性访谈中，访谈者通常会使用访谈导引，将访谈者想要了解的问题简单罗列出来。但是，访谈导引和访谈提纲并不完全相同。访谈导引是不固定的，也不是预先设计好的，通常就是五六个开放式问题，大概引导访谈的方向，而不去规定访谈的内容。开放式的访谈导引，能够让研究者将访谈内容始终聚焦在研究问题上，同时又保持足够的灵活性，引导被访谈者在一个方向上讨论，但又能灵活改变访谈方向。下面就是萨拉在给一组儿童做访谈时列出的访谈导引问题。

- 你是怎么交朋友的？
- 你会选择什么类型的朋友？
- 什么是好朋友？
- 你最喜欢好朋友做什么事？
- 什么是坏朋友？
- 坏朋友会做什么样的事？

思考

试着结合自己的研究问题制定一个访谈导引。一定要记得，访谈导引要基于已有的文献、自己的感受以及在幼儿园的观察。试着基于访谈导引，与朋友、家人、儿童做一个预访谈，看看它能不能发挥作用。在预访谈中，要检查自己是否遗漏了某些重要的问题，了解访谈方式是否适宜。

预访谈

在访谈过程中，研究者需要具备一种非常重要的能力，那就是了解怎样以及什么时候去进一步探索，以获得更多的信息。通过探索，研究者能明晰被访谈者的谈话内容。当然，这要求研究者非常熟悉访谈问题和内容，能意识到哪些是重要内容并需要做进一步澄清和说明。因此，研究者需要大量阅读文献，了解研究问题所处的情境，强化自己关于访谈问题背景信息的了解，从而胜任探索性工作。

探索性问题一般如下表述。

· 我不是很明白，能请你再解释一下吗？

· 你能给我再举一个例子吗？就像刚才提到的这个。

· 你的意思是什么？

· 你能再说得详细一点吗？

研究者可以拿这种探索性问题先进行预访谈，确定问题提出是否合适。除了以上这些探索性问题，你还能想到更多吗？

访谈与闲聊的区别

除访谈的事实和内容以外，好的访谈一定要基于研究者已经拥有的访谈技能，即掌控谈话的能力。好的访谈对研究者的要求相当高，一旦掌握不好，就会全盘皆输。要做一个好的访谈，需处理的紧要事情涉及以下几方面。

· 在进行访谈时，研究者要提前征得被访谈者的同意。尽管是非正式的访谈，也要如此。鉴于保护儿童的需要，如果被访谈者谈到了涉及儿童隐私的内容，那么研究者必须中断访谈，有责任将其告诉被访谈者。

· 研究者在访谈之前要做好各种准备，包括熟悉研究问题、全面阅读文献、了解特定的研究情境等。这有助于研究者形成更聚焦、更丰富的访谈提纲。

· 研究者在访谈中对被访谈者要表现出尊重，这非常有助于形成一个好的访谈提纲。研究者要在关注访谈内容的同时，注意访谈对象的表现。如果被访谈者有不悦表现，研究者应立即改变话题或改变活动。

· 在整个访谈过程中，研究者都要保持价值中立。即便研究者对某一问题，与被访谈者有完全不同的强烈看法，研究者也不要表露出来。作为访谈者，其最主要的责任是尊重并倾听被访谈者的观点，而不是劝说被访谈者接受观点。

以下都是有关性别问题的访谈导引，你能从访谈 1 中发现该访谈存在什么偏见吗？它可能将儿童的思考导向哪个特定的方向？

访谈 1

1. 你最好的朋友是男孩还是女孩？为什么？
2. 为什么女孩喜欢阅读和书写，而男孩喜欢踢足球？
3. 为什么女孩会安静地玩，而男孩玩起来声音很大？
4. 为什么女孩喜欢布娃娃，而男孩喜欢枪？

这个访谈导引中的问题并不客观和中立，带有明显的偏见和性别刻板印象。这样的访谈问题可能诱导儿童沿着特定的思路去思考。研究者提出的这些问题再一次确证了性别刻板问题，致使儿童进一步扩展了对性别刻板的概念认同。儿童在访谈中捡起了这种偏见，并会继续寻找证明偏见的实例。或许，儿童想要重新认识这个概念，但在这种研究问题的指引下，他们也会觉得无能为力。

访谈 2

1. 你能告诉我，你怎么看待女孩和男孩？
2. 女孩和男孩一样吗？
3. 你怎么看待男孩？
4. 你怎么看待女孩？
5. 你怎么看待这个小视频？

在访谈 2 中，访谈问题是开放式的、中立的，并不会诱导儿童的思考方向，而是允许儿童给出多种答案，以面对可能随时挑战性别刻板印象的访谈者。

儿童小组访谈

在与研究者一对一的面谈中，儿童会觉得有威胁感，尤其在儿童与研究者并不熟悉的情况下。所以，在访谈之前，研究者应认识被访谈的儿童，并且尽快熟悉起来。在访谈中，这种熟悉非常必要，因为在不认识的成人面前，儿童不会说出自己的观点，也不会讲述自己的经历，这对于访谈而言非常不利。正因如此，在访谈之前，许多研究者都要花一周或两周时间在幼儿园里进行观察，去认识更多的儿童，彼此之间建立信任和良好的同伴关系，以此作为访谈的基础。

如果要进行小组访谈，那么如何选择小组访谈成员就显得非常重要。因为一旦选择不当，小组中的某些儿童可能会掌控发言机会，害羞的儿童会因为害怕报复或嘲笑而不敢说话。在这个时候，选择哪些儿童参加小组访谈，更多地依靠研究者和儿童之间的熟悉程度。有时候，幼儿园里的主要工作人员或教师会推荐一些儿童来接受访谈，或者儿童会自己决定哪些儿童可以和他一起接受访谈。一名想要参与研究的儿童进入访谈小组，然后再指定两名或三名儿童进入访谈小组。在大多数情况下，儿童在自己的群体中会畅所欲言。研究者只需要开个头，儿童就会接着往下说。

儿童小组访谈成功的核心在于，研究者和儿童之间具有的动态力量潜在地从前者转向后者。这样，小组访谈就变成了一组朋友——可能是三四个朋友——之间的谈话，这会让儿童觉得非常放松和舒适。因为儿童喜欢进行社交活动，所以儿童一起在小组里进行访谈，就依赖于他们的社会交往能力如何。儿童不仅在访谈中相互倾听对方的观点，而且也会清楚表达自己的想法。在混龄的访谈小组内，年幼儿童会获得年长儿童的鼓励，表达自己的观点。从这个意义上说，小组访谈能非常有效地激发儿童之间的讨论和交流，这于研究者而言，是非常有用的。当然，在这种访谈过程中，研究者的角色是讨论的支持者和服务者，而不是带着一系列特定问题的访谈者。

对于儿童小组访谈的优点和缺点，兰开斯特（Lancaster）和布罗德本特（Broadbent）2010 年曾在自己的研究中全面总结过，它为我们更好地使用儿童小组访谈提供了借鉴。

优点：

- 为儿童提供了合作共事的机会，鼓励儿童互动。
- 建立并强化了个体自信。
- 为儿童创设了讨论问题的空间。
- 将儿童视为幼儿园的专家。
- 深入探查并分享儿童对日常生活的认识和看法。
- 小组成员之间互动，迸发出更好的观点。
- 聚焦于谈话而非刻板的一问一答。
- 儿童相互熟知。

缺点：

- 无法将个人观点从小组观点中剥离出来。
- 个人看法经常受小组情境影响。

小组访谈与儿童本位的教育活动

研究发现，访谈儿童的最好方法是一边访谈，一边让儿童参与某项操作活动。如借助于书、语言提示、游戏、木偶、毛绒玩具等，研究者可以让儿童进入一个温馨、以儿童为中心的谈话氛围中，同时借助儿童自己的画或照片来鼓励儿童，这样整个访谈就会以儿童为中心，也更容易聚焦。如何利用儿童画和照片来了解儿童的想法，我们在后面的章节中会讨论到。采用这种以儿童为中心、结构化的访谈形式，能避免出现成人完全掌控整个访谈进程的问题，同时避免出现和问卷测试一样的情境，即迫使儿童努力去寻找研究者需要的“正确”答案。这种测试会让儿童不断地去猜测成人的想法，猜测成人究竟想要儿童怎么说、怎么做。这样的访谈会被儿童看作是成人主导活动的拓展和延伸。使用更具参与性的访谈方法，会让儿童觉得熟悉和亲近，因为研究者是满怀敬意地走进儿童世界的。当然，这种讲求社会性和包容性的工作方式，也会使访谈变得更加高质量和高效度。

如萨拉在研究儿童友谊时，使用了小组访谈的方法。她选择了三四名儿童，与他们一起坐在地垫上开始访谈。想象一下，大家坐在温暖舒适的图书角地垫上，完全听不见教师的唠叨，这是一个多么随和、舒适的访谈情境。萨拉的访谈从阅读故事《其他人》（*Something Else*）开始，通过故事鼓励儿童思考怎样和其他人交朋友。在其他时候，萨拉拿一只泰迪熊当作是新到班里的小朋友，因为它想和别人交朋友。萨拉问儿童：“泰迪怎样做，才能在班里交到朋友？”当然，谈话还可以更加个性化，如鼓励儿童把自己最喜欢的泰迪熊或者其他小动物带来，萨拉问：“试试看，如果它们也刚到这个班级，它们会怎样交朋友？”

在访谈中，萨拉始终将自己置于“门外汉”的位置上。她始终觉得，她不是儿童，所以对于友谊，尤其是对儿童的友谊了解不多。但是，她确实对儿童感兴趣，尽自己所能去了解所有，包括儿童和友谊。她和儿童交朋友，一起读书和玩绒毛玩具，但却一直将自己置于“门外汉”的位置上。在一定程度上，这鼓励了儿童之间谈话活动的进行。

萨拉给儿童讲了《其他人》的故事，然后和儿童一起讨论。儿童介绍了自己的毛绒玩具，讲述了它们如何与别人交朋友。这时候，儿童开始自由、自信地谈论友谊，萨拉可以借机询问儿童在幼儿园里的表现如何。

萨拉说："我想更多地了解友谊。事实上，对于你们的友谊，我确实了解不多。能不能请你们帮我并告诉我，怎样才能交到一个好朋友？"

杰克说："我喜欢的好朋友是对我好的人、能帮助我的人。我喜欢和我一起踢足球的朋友。所有的男孩都喜欢踢足球，如杰克、路易斯（Lewis）……"

路易斯说："是的，是的。我也喜欢和我一起踢足球的朋友，还有和我一起在操场上玩的人。"

简说："我喜欢和那些和我一起玩的人交朋友。我喜欢我的朋友到我家参加晚会。"

路易斯说："是的，是的。我喜欢朋友到我家，玩我的遥控车。"

萨拉说："你真不错，你交朋友时好聪明。我敢打赌，你有很多好朋友。谢谢你告诉我这么多。我现在也学着去交朋友了。你做得太棒了！现在注意，你能告诉我，你最不喜欢朋友做哪些事情？"

简说："我不喜欢我的朋友把我推倒或者对我有什么企图。我不喜欢我的朋友像我的上司一样。"

杰克说："我不喜欢朋友打我，然后他在我告诉老师真相之前，会先跑到老师那里，撒谎说我打他！我不喜欢有人那样做。"

路易斯说："比利（Billy）输掉游戏的时候，就不是我的朋友。他经常输掉游戏，还打别人，然后，然后……然后，他也打过我。"

成人小组访谈

在成人小组访谈中，以上在儿童小组访谈中的所有原则都适用。成人小组访谈特别有利于研究者从一个小的访谈中引出更多有用的信息。其原因在于，在访谈过程中，参与访谈的成人倾听别人的意见，回应别人的想法并彼此争论，从而形成新的意见。所以，这是一种真实生活中的讨论。与个别访谈相比，成人小组访谈能帮助被访谈者，即教师建立自信，激发他们深入思考，从而帮助访谈者获得更多数据。

下面，研究者，即 E，带着 4 个被访谈者，做了一次小组访谈。

思考

阅读下面成人小组访谈内容，思考并回答以下问题。

- 研究者提出的问题是开放式问题还是封闭性问题？
- 访谈问题是否诱导被访谈者回答？是否存在偏见？
- 为什么研究者时不时地向被访谈者总结或反馈访谈内容？
- 研究者怎样一步步引导被访谈者回答？
- 被访谈者之间的相互倾听到了什么程度？
- 被访谈者有无支持彼此的观点？

A：保育员

B：全职助理教师

C：教师

D：兼职助理教师

E：研究者

E：刚才，我们评价的方法是在观察的基础上进行的。我们用了便利贴做记录，我们拍了照片，我们获得了样本。你认为我们刚刚采用的办法怎么样？这个办法好不好？这个办法是否全面？它是不是准确捕捉到了孩子的学习状况？这种办法是否有效？

A：我觉得，有时候这种描述有一点像应酬，流于表面，因为我有时候也这样描述。我想，这些内容究竟告诉了孩子什么？我其实什么也没得到。我和别人经常讨论这个问题，讨论下一步该怎么办，接下来的观察要怎么做。你知道，观察没有告诉我有关孩子的任何内容，所以我有时候想，描述的全部重点是要整体看待孩子，但我还需要思考一下观察内容是什么。或者，我需要思考一下，把我的观察计划做得更好些。仔细考虑一下，我究竟想从观察中得到些什么？不是跟随孩子，而是……我也不知道了。

E：那么，在描述的时候，你是否考虑过这样的问题，我做这个是为了什么？我做这个的重点是什么？

A：当我重新再读一遍或者想把它写出来时，我会想，这种描述并没有告诉我关于孩子的任何内容。我不知道这是由于我的观察技能水平不高造成的，还是别的什么原因造成的。

E：这和孩子有什么区别？你发现了吗？

A：嗯，嗯。

E：你是否觉得在你观察孩子的时候，你会得到更多的信息？

B：准确一点儿说，我们从爱说话和爱交往的孩子身上得到的信息更多。如果是面对那种比较安静的孩子，我们会有些纠结和迷茫，因为我不知道究竟该怎么引导他。在和这些孩子交往时，我怎样才能得到更多有价值的信息？

E：所以，对于这样特殊的孩子来说，描述并不是最好的形式。

B：以我的观点来看，对于我，我觉得描述性观察很容易，因为我可以看到儿童其他领域的发展，也就是我以前从未在这个孩子身上看到的东西。所以，描述的最大好处是我们可以具体知道孩子在某个领域的发展状况如何，同时还有哪些领域需要改进。

E：你认为描述优于简短的访谈吗？你会用便利贴或者其他什么东西吗？

B：是的，是的。

E：是的，我猜是这样。C，你觉得呢？

C：好吧，我觉得描述性观察很有效，它就是把描述、观察都加入评价中。但是，我觉得你的研究问题更多地指向那些安静的孩子以及我们应该怎样改进评价上。我们很幸运，因为我们是一个团队。作为团队成员，我们并没有选择做总结性评价，因为我们研究的儿童数量有限。事实上，评价应该包括我们的所有观点，收集所有可能的证据。同时，我觉得可能还没有做好的事情是应该把儿童纳入自我评价的体系中。所以，这是两方面的问题。我们在做事情的过程中，孩子会告诉我们应该如何改进评价方法。我们要怎样从孩子的观点出发进行评价以及怎样开展其他领域的研究？我们的评价缺乏的是把孩子纳入自我评价的体系中，缺乏了解孩子语言发展特点的机会，缺乏促进我们与孩子之间进行交流进而改善评价的方法。我们做评价，就应该将孩子看作是有潜力的人。我们不仅应该将孩子看作是独立的个体，而且应该将孩子作为专家去对待。

A：我们是不是足够重视家长的意见呢？我们和家长一起讨论了“学习之旅”。我们非常、非常、非常重视家长的观点和付出的努力，因为我们真的是这样做的。我不知道我们有没有最终把意见考虑进去，但我知道这是比较困难的事情。

E：那么，我们应该怎样关注家长的意见呢？其实，这是两个问题，一是我们如何关注家长的意见，二是怎样引导孩子进行自我评价。

A：我觉得，我们先解决一个问题，另一个问题先放一边。

E：那我们究竟应该怎么做呢？

A：好吧，那应该把“学习之旅”带回家。

E：所以，把“学习之旅”带回家，是解决问题的办法吗？

D：我们把录像带回家，这就是评价。

A：我们不能把“学习之旅”带回家。

C：这是适宜的评价方式吗？当这种方法被使用，并且在任何情境下被习得，儿童就达到了他们的学习目标吗？有时候，我们看到儿童在家里表现得更好，但是在这里，他却没表现出相应的水平。所以，我觉得……

A：但是，这是证据。

C：评价包括哪些内容？我们应该达成一致。如果儿童参与到学习过程中，他们在资源更丰富的家里会做得更好，因为他们在家里会觉得更安全。

A：你的意思是，儿童觉得在学校里不安全吗？

C：你知道，像我们这样的学校有积极向上的一面，但是有些学校恐怕就是给安静、听话的儿童设计的。

A：这确实影响巨大，是吧？

C：这和我们要研究的儿童总量有关吧。即便我们只是想去分配一下家具或者组织儿童做某件事，那些安静的孩子经常……真的是……你知道的，这只是我的一家之言，但是儿童确实容易在环境中迷失自己。

儿童作为研究者

在学前教育研究中，儿童和成人的力量悬殊，这恐怕是研究者面临的最大困难。这种力量悬殊会成为研究者从儿童那里收集高质量证据的最大困难。克服这一困难的办法就是邀请部分儿童，让他们成为其他儿童的研究者，如让儿童对儿童进行访谈。这种从儿童到儿童的研究，作为向儿童传递信息的工具，与发现儿童观点一样，在国际上已有先例。这一方法背后的潜在观念是儿童具有的内在知识，使得儿童在与儿童的访谈过程中，能比成人更容易问出很多问题。年龄较大的儿童可以和年龄较小的儿童一起工作，引导他们说出自己的观点。年龄接近有助于减小研究者与儿童之间的力量悬殊。年长儿童的兴趣、认识和理解可能更接近于年幼儿童，这恐怕是成人研究者难以企及的。在下面的个案中，年长儿童扮演研究者的角色，为年幼儿童拍视频，帮助他们适应幼儿园的生活。这种方式不仅帮助研究者获得更多真实信息，而且取得了意想不到的效果。

个案研究

黛比在自己的研究中，招募了一组孩子来共同做研究。她向孩子明确说明，自己的研究是去发现更多有趣的事。她向孩子展示了一系列用以收集他人观点和看法的方法，包括利用录音和视频设备来记录他人的观点。孩子尝试用录音设备录制了人们的谈话，也尝试为自己喜欢的东西拍视频。

黛比邀请的一组孩子都是自愿参加的。孩子自己拟定了几个想去研究的项目名称。

1. 垃圾
2. 幼儿园里最喜欢和最不喜欢的东西
3. 帮助和友善的行为
4. 建一个甜品店

黛比给孩子留出了时间，让他们讨论不同的观点、画图并形成观点。孩子最先讨论的中心议题是幼儿园里最喜欢和最不喜欢的东西。图 7–1 为我们展示了萨姆的画，里面标注了他喜欢和不喜欢的东西。

图 7–1　萨姆的画

序号为 10 的图叫“彩虹班级”。萨姆说：“你在这里可以进行很多艺术活动，艺术活动非常好。”序号为11的图展示了“一个很大的草坪，可以在那里玩游戏，跑来跑去”。序号为12的图展示了“一顿有玉米和香肠的美好午餐”。序号为13的图展示的是“最坏的事情”。萨姆说：“老师在大喊大叫，好多人在挤来挤去、大吵大闹，吵得我耳朵疼。”序号为14的是大家写在黑板上的名字，有的写得好，有的写得不好。萨姆说：“我的名字从来没有被写在黑板上。”

在黛比的支持下，孩子们决定将两个主题结合起来，即将“幼儿园里最喜欢和最不喜欢的东西”和“帮助和友善的行为”这两个主题结合起来。有些孩子谈到了自己怎样做才能帮到年幼的孩子适应集体生活。为此，他们想到了一个方法。兴许，这是个不错的办法。他们决定展示一些孩子肯定非常喜欢的东西，如很大的草坪、玩游戏的“黄金时间”、艺术作品以及美好的午餐等。小研究者们认为，不能告诉孩子那个大喊大叫的事，这会吓到他们。这里，黛比记下了孩子讲到的教师大喊大叫的问题。

这些孩子认为，最能展示幼儿园是什么样子的方法，就是将幼儿园里的重要东西拍下来，做成视频。这时，黛比提出，他们其实并不清楚哪些东西对这些孩子来说很重要。于是，小研究者认为，他们可以和幼儿园的孩子一起走一走、看一看，了解他们对于幼儿园的哪些事情感兴趣。一旦他们知道孩子想了解什么，他们就可以制作一个有用、不错的视频。

黛比和小研究者访谈了幼儿园的孩子，告诉这些孩子，他们要在下学期帮助他们更好地适应集体生活。有些孩子听完这些话以后，觉得自己并不想参加这个活动，但是因为有高年级的哥哥姐姐做小研究者，所以他们也变得很渴望参加这个活动。接下来，小研究者和这些孩子一一配对，询问他们想了解幼儿园里的什么、害怕幼儿园里的什么。在询问过程中，小研究者使用了录音设备。

一回到幼儿园，小研究者就和黛比一起仔细听了谈话录音，从中找到孩子想要知道的主题，最主要的主题有以下这些。

· 厕所在哪里？
· 哪里有什么样的朋友？
· 食物在哪里？在哪里吃饭？
· 游戏时玩什么？
· 大孩子会伤害小孩子吗？

接下来，三个人为一组的小研究者们制作了一部微电影。微电影讲述了厕所的位置在哪里、怎样询问用餐情况、怎样排队用餐、怎样坐在餐桌前吃自带午饭、怎样在没有下雨时去草坪上玩。微电影也描述了能在操场上玩的游戏。同时，微电影还讲述了在暂时没有朋友的情况下，怎样得到餐厅服务员的帮助。微电影也讲到了“某些很坏的大孩子会伤害其他人”的内容。通过这个微电影，黛比意识到，幼儿园显然没有反欺凌的规定。于是，黛比向孩子保证，她会继续关注这个问题，并将幼儿园对该问题的反馈告诉大家。后来，幼儿园制定了相应的制度。

最后，黛比和孩子们一起在电脑上编辑、修改了这部微电影，并将其带到幼儿园，放给其他孩子看。孩子们非常喜欢这部微电影，他们也提出了很多新问题。对此，孩子们愉快地进行了回应。

毫无疑问，上述研究方案是非常成功的。其中，黛比承担着研究服务者的角色，儿童担任研究者的角色。作为共同研究者，儿童发起这个活动，教师帮助儿童提出想法、收集证据、制作视频。制作视频的过程，也展示了儿童自己生成想法的过程。制作视频的过程，明显提升了儿童的自信心和自尊心。视频内容反映的是儿童特别关注欺凌事件，这被幼儿园注意到了，也很快制定了制度，最终进一步提高了儿童的自信心。视频中反映出来的厕所问题、午餐问题、草坪游戏问题以及反欺凌制度的制定，都代表研究者在关注儿童兴趣的方向上又前进了一大步。或许，在不久的将来，萨姆担心的大喊大叫的问题会被解决。需要强调的是，通过以上描述，儿童能深度参与到自己的教育活动中，这是一个不断前进的过程。研究者以同伴的身份，与儿童一起做研究，这是促使学前教育研究不断走向包容的重要环节。

广泛、多样化的访谈对象

在访谈过程中，研究者要尽可能地广泛选择儿童、成人等作为访谈对象，保证访谈对象的多样化。这样，不论是男孩或女孩，还是少数民族儿童或者有特殊需要的儿童，都能被纳入访谈范围中。聆听儿童和成人的声音，确保所有的声音都能进入研究，将大大增加研究的效度，因为在访谈中，可能是其中一方控制着研究方向。需要记住的是，所有儿童不可能组成一个同质小组，他们的声音一定要多样，而且要各不相同。这依赖于儿童自身的性别、母语、生活环境以及身体条件等。研究者在访谈中，要力图全面反映儿童丰富、多元的经历和观点。只有以这样的方式，研究者才能向读者确认自己的结论。

访谈内容的数字化记录

以数字化方式记录访谈内容，而不是将其写下来，是一个很不错的访谈技巧，因为它能帮助访谈者去做自己最想做的工作，即主动聆听。以数字化的方式记录访谈内容，能让研究者腾出时间，将自己集中在与被访谈者的访谈内容上，而不是去注意所有的东西是否被写下来了。当然，这也是不可能办到的事情。不管怎样，数字化记录能将访谈者从记录中解脱出来，把注意力集中在访谈中出现的问题上，否则一不小心，访谈就会走向完全不同的方向，与自己最初的预想大相径庭。借助数字化记录方式，研究者可以集中精力在访谈内容上，提出适宜的问题，而不是去埋头苦记。

有些时候，有的被访谈者不愿意研究者将访谈过程记录下来，因为他们不确定你会拿这些记录去做什么，这大多发生在研究者和被研究者彼此并不熟悉的情况下。在这种情况下，研究者必须要向被访谈者说明自己要拿这个记录去做什么、怎么用。儿童可能很喜欢在录音设备上听到自己的声音，也乐意和研究者坐下来一起聆听。对于研究者来说，这是个非常好的机会，因为它能让研究者和儿童一起了解谈话内容的具体意思，澄清模糊、不清楚的内容。这也是增加研究效度的重要方法。

一般在查看内容时，研究者要非常熟悉录音设备如何操作，也要给设备充满电。事实上，将录音内容转录成文字并誊写下来，非常耗时间。通常，半小时的访谈内容需要花费两个小时的时间才能转录下来。所以，最好的办法是把全部录音播放出来，仔细听其中的观点和主题并快速记录。这样，一旦研究者在整体上理解了全部录音内容，那么在一部分一部分播放时，研究者就能准确地知道哪一部分在哪个地方。这种重复听录音以及将关键内容一个字一个字誊写出来的方式，将大大提高研究者的理解和分析水平。这与用笔草草记录访谈内容的方法完全不同。借助访谈录音，研究者获得了被访谈者所讲的全部内容。借助转录和誊写，研究者能进行全面的反思与分析。

思考

小组集中访谈

组织一个三四人的访谈小组，借用数字化设备做一次预访谈，访谈时间大约 10 分钟。在访谈中，每名儿童都需要用访谈提纲来提问自己的同伴，然后把访谈内容记录下来。依此类推。当小组里所有人都问了问题、所有人都讨论了主题并记录以后，研究者再向每个成员反馈访谈结果。反馈时要关注如下问题。

- 哪个部分进行得好？哪个部分进行得不好？
- 研究问题还能怎样改进？
- 研究问题有没有把访谈导向某个方向？
- 访谈能否保持客观中立？
- 访谈者是否倾听了被访谈者的意见？追问是否合适？

· 访谈者有没有在访谈中澄清某些信息？

试着一边听访谈录音，一边转录，然后将内容拷贝给其他朋友，帮忙检查有没有问题。这也是访谈重要的伦理问题。

网络访谈

现下，电子邮件、网络论坛以及视频会议等方式被广泛运用、无所不在，这为研究者在网络上做访谈提供了可能性。尤其是在研究者之前已经和被访谈者有过面对面接触的情况下，这种网络访谈非常有用。在一开始的面对面接触中，研究者已经和被访谈者讨论过研究问题，征得了被访谈者的同意，网络访谈紧随面对面讨论之后进行，因此给被访谈者留出了更多时间，以利于他形成自己的答案。网络访谈比面对面访谈好的一点是，被访谈者可能更诚实。网络访谈，尤其是邮件访谈一般会围绕固定的问题进行，因此它是结构化访谈。像下面案例呈现的一样，被访谈者是根据固定问题来回答的。可见，在网络上进行访谈会更灵活。

邮件访谈示例

约翰：

你好！

上月我们见面时，您非常爽快地回答了我关于在学前教育研究中改变评价角色的问题，给了我许多令人兴奋的答案。我认真分析了您的答案。关于如何在学前教育研究中改变评价角色，您做了大量的评论。我想，如果您能空出一点儿时间的话，我能不能再多占用您宝贵的5分钟，请您简要回答一下下面的这些问题？您只需要把您的答案写在问题下面，然后电邮给我就可以。非常感谢您的帮助！

1. 新的评价方式有没有影响您或者您同事的教学？如果有，怎

么影响？

如果我们的眼睛只盯着最后的结果，即我们结束后的情况，那我们会错过很多以前我们不知道的事情。我想，这是毋庸置疑的。如果我们对某件事有一个固定的看法，就像你认为的那样，儿童必将会达到那个成功的点，那么我们就不能再像以前一样，完全忽视那个点的存在。当然，我们对儿童都抱有很高的期望，希望儿童发展他们的潜能，但令人惭愧的是，这没有直接说出来，而现在的课程越来越聚焦于儿童的知识上，这就窄化和限制了儿童发展自己的潜能。这里，儿童丢失掉的有可能是他们的创造性。

2. 您认为，在哪种程度上，评价方式的改变会提升教师的期望和标准？

评价方式的改变带给我最大的影响，就是不管将社会交往和语言的哪一个作为基本领域，教师都会跳过去，而去选择另外一些领域，如阅读和写作。有些儿童擅长这些领域，有些儿童则不擅长，就好像你搭积木，手边没有合适的积木一样。数学学习也存在相同的情况。在数学学习中，教师把注意力放在更正式、抽象的计数和计算过程上，而没有让儿童沉浸在数学思考中，如集合、面积、高度等知识可以通过玩积木、走路去公园以及参与游戏得来。对我来说，聚焦数学和读写能力，强化了学科领域之间的边界，并没有促进学科领域的融合。随之而来的新问题是，不同的学科领域是否处在相同的位置上？

3. 您有没有将注意力集中在某个特定儿童身上并且产生了很好的结果？

实际上，是这样的。我们确实提升了整个幼儿园的教学水平。作为一名幼儿园教师，我很高兴没有将自己置于这样的境地中。在幼儿园，我们非常擅长关注某些特定的儿童，给予他们个别化的指导。进入小学后，班级人数暴涨，儿童学习压力增大，使得他们的学习只有很少的创造性。依照我的看法，这需要幼儿园更注重保护自己的名声，为儿童将来的学习和经验获得做好准备。当下令人困惑的是，政府将相似的压力转向了学前教育领域，导致幼儿园不可避免地出现班级人数暴涨的情况。

4. 您觉得，儿童会怎么看待新的评价形式？

老实说，不管我在评价时怎样努力尝试奇特的、结果驱动的评价形式，儿童都会以“不感兴趣”来回应我。后来，我们开始进行儿童自己发起的活动，他们带我们尝试各种各样的方法，带我们学习新的东西。

最后，再次向您表示感谢，期待能与您很快见面！

向您致以最美好的祝愿！

总结

通过本章，你知道了以下内容。

- 适合于儿童和成人的不同访谈方式。
- 与儿童进行访谈的具体要求。
- 儿童作为研究者的参与方式。
- 访谈儿童时的具体方式。
- 录音访谈的意义及其可能性。

推荐阅读

M. Denscombe. *The Good Research Guide* [M]. Buckingham: Open University Press, 2007.

本书第十章给研究者展现了很多采访的实例。

M. Folque. *Interviewing Young Children* [M] //G. MacNaughton, S. Rolfe, I. Siraj-Blatchford. Doing Early Childhood Research: International Perspectives on Theory and Practice, 2nd ed., Buckingham: Open University Press, 2010.

本章展现了进行采访的有关内容，详细阐述了凭借个案分析研究过程的方法。

第八章 问卷调查法

本章学习目标

- 知道如何使用调查问卷。
- 了解问卷调查法的优势和局限性。
- 设计调查问卷。
- 问卷调查案例评析。

问卷调查法被广泛地应用在较小规模的研究项目中。要想调查相对较大规模的群体、获得整个群体对研究问题的认识和看法，问卷调查法也会有效，主要是因为它相对廉价，也能快速收集大量的资料。与访谈法不同的是，问卷调查法能反映被研究者在认识和看法上的广度。由于问卷调查法借助标准化的问题来了解人们的认识，所以研究者可以在不同的调查者之间进行比较。通过邮寄或电子邮件发送的问卷，很少包含甚至不包含任何个人之间的交流和沟通，调查过程也是匿名进行的，所以它能极大地鼓励被研究者坦白直率地表达自己的看法。当然，研究者可以在访谈中引导出那些矛盾的、模棱两可的信息或细节，这是使用问卷进行调查时办不到的事情。所以，研究者最好将问卷调查法和访谈法以及其他数据收集方法结合起来使用。

与对其他研究方法的考量一样，在使用问卷调查法时，研究者必须考虑为什么要选择问卷调查法来获取资料。由于问卷调查法只能部分回答研究问题，获得关于研究问题的部分信息，所以在实际使用过程中，问卷调查法需要和访谈法、作品收集法以及观察法等一起使用。问卷调查步骤见图 8-1。

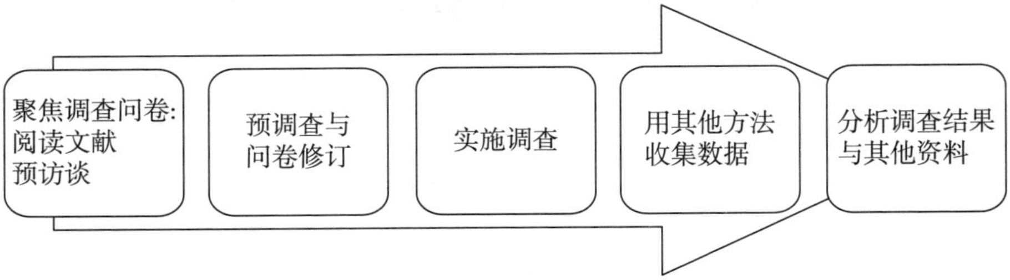

图 8-1　问卷调查步骤

如图 8-2 所示，问卷调查法为研究提供了“骨头”，访谈法则是给这些“骨头”配上了“血肉”。只有这样，整个研究才会丰满起来。通常，人们会进行预访谈，尝试获得更多有关研究问题的细节。预访谈得来的信息会被整理成预问卷，成为正式问卷的内容来源。因此，有价值的信息在问卷打印和发放前就已初步形成。此外，问卷调查的过程除了了解被研究者的回答情况并得出调查结果以外，还会产生一些新的问题。如有些被研究者在问卷上的回答很长，这时研究者就要判断这位被研究者是否有更多的观点和看法想要和研究者交流。所以，有些问卷会要求被研究者填写电话号码，这样如果被研究者想和研究者交流的话，他们可以方便联系。接着，研究者需要安排深度访谈，引导被研究者进一步表达更深层的认识和看法。

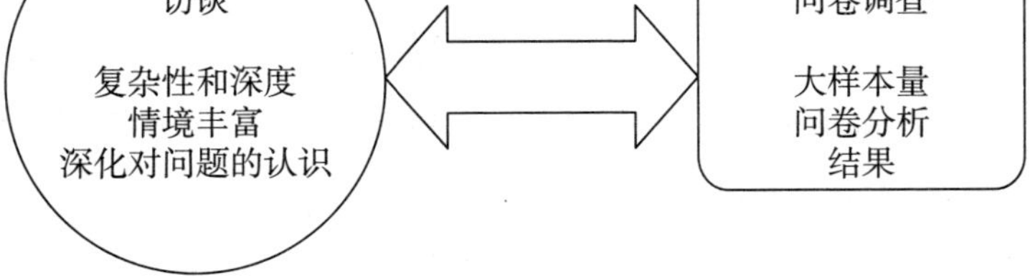

图 8-2　访谈法与问卷调查法的互补作用

问卷调查法的三种类型

1. 自陈式问卷调查法

在收集大规模问卷时，研究者经常使用自陈式问卷调查法。自陈式问卷调查法通常采用邮寄问卷或电子邮件发送问卷的方式，将其递到被研究者手里，研究者不需要亲自发放问卷。自陈式问卷调查法在使用时，注意问题要相对简单直接，这样被研究者才能清晰了解问卷内容，知道该怎么回答，调查过程才会顺利进行。另外，如果研究者要通过电子邮件发放问卷，那就要事先通过电话方式，让被研究者知道问卷将通过电子邮件形式发放，以免错过。

2. 面对面问卷调查法

在面对面问卷调查中，研究者和被研究者在一起，共同完成问卷调查工作。问卷填答后，研究者可以在现场与一些被研究者进行交流。面对面问卷调查法最突出的优点有这样几个：其一，它确保整个问题调查过程圆满完成；其二，它适用于调查无法阅读问卷的儿童或成人；其三，它给研究者的再次探查提供了可能。

3. 电话调查法

电话调查法，是一种比较费钱的调查方式。使用电话调查，通常依赖于被研究者的态度。他有可能在工作，但依然愿意腾出时间来接受问卷调查，所以只能在电话里完成。电话调查时，研究者要一边聆听，一边将被研究者的回答快速记录下来。通常，在电话调查结束后，研究者紧接着会通过邮寄或发送电子邮件的方式继续调查。大多数情况下，通过电话完成调查，能节省被研究者的时间。

问卷调查的伦理问题

我们已经讲过，任何研究都要征得被研究者的同意和准许。研究者使用问卷调查法时，也需要遵循同样的原则。研究者的责任是获得相应的“门卫”的准许，如班主任或管理者，同时还要让被研究者知悉整个问卷调查过程是匿名的。这样，被研究者才会给出真实的答案。需要注意的是，自陈式问卷调查法只能用于调查有读写能力的年长儿童或成人。布兹（Booth）和安斯科（Ainscow）在自己的研究中提到，使用问卷调查年幼儿童时，问卷只能作为研究者与儿童谈话的提示。更进一步说，即便是调查年长、有读写能力的儿童，研究者也不能全然断定儿童完全理解问卷中的问题。所以，研究者可以使用儿童式词汇来陈述问题，同时注意问卷中问题的排列方式（National Children Bureau，2002）。

思考

- 你的研究问题是什么？
- 解决研究问题需要什么类型的数据和资料？需要多少？
- 问卷调查能为整个研究带来什么？
- 如何去分析问卷获得的内容？
- 问卷的哪些内容与研究主题相关？
- 除问卷以外，还会使用什么方法？为什么？

在下面的个案中，露西（Lucy）集中讨论了取样和使用问卷调查的原因和过程。从中我们可以发现，露西在取样时并没有随机抽取被试，而是用目的取样的方法来取样（Denscombe，2007）。她利用个人关系，查看了英国教育标准局（OFSTED）的网站，选了一些幼儿园，然后再从中选择70名调查对象，将问卷发给他们。

个案研究

在阅读个案的过程中，请将露西发放问卷之前的准备工作一一列出来。

露西研究的问题是家庭暴力，主要关注不同的专业工作者，如教师、幼儿园工作人员、社会工作者以及预防家暴工作人员等的不同态度和观点，试图了解他们在要不要教育儿童防止家暴这个问题上的看法。当然，她也想获得他们对家暴问题的真实感受。露西选择了问卷调查法，因为它适合了解和展示每个人的感受。在问卷调查结束后，露西选择进行一对一的访谈，进一步澄清和讨论普遍性问题。

在广泛阅读文献的基础上，露西和自己的朋友、同事正式讨论了这个问题，并将问卷发放给他们，进行预调查。她的主要朋友提供了诸多有益意见。需要提及的是，露西自己花钱影印、邮寄并发放了几十份问卷，以测试问卷调查的效果。她在电脑上修改了问卷长度，简化了问题，形成好几个不同版本的问卷。她还详细说明了各版本问卷的填写方式，如怎么完成问卷等，直到她对整个问卷满意为止，最后才正式发放。露西也要了解问卷应该怎样呈现，如问卷不能太长、避免在问卷中提及个人信息和敏感问题。

露西后来意识到，如果采用邮寄的方式发放问卷，问卷发放就会变成一个“冰冷”的过程，既不符合伦理要求，也会导致较低的问卷回收率。因此，她先给自己想要调查的幼儿园的管理者打电话、发邮件，询问他们是否有兴趣参与这个调查。同时，露西也利用她和不同专业人员之间的个人关系去发放问卷，这种利用个人关系发放的问卷，回收率优于其他方式。露西共发放了 70 份问卷，回收了 59 份，回收率是 84.3%。

露西在征得幼儿园同意后，给幼儿园邮寄了一个文件夹。通过这个文件夹，幼儿园的管理者理解了这个研究。在文件夹里，露西准备了下面这些东西。

· 写给幼儿园的身份证明，包括露西的电话号码、电子邮箱，方便幼儿园管理者询问和查看。

· 一份同意书，即一张带有专业标记的纸，附有研究者必须要告诉管理者的内容，其中一定要明确说明所有参与研究的人都是匿名的。

·一封概述研究方案的信。在信中，露西写明了问卷回收时间。

阿普敦学院
阿普敦路
阿普敦
电子邮箱：lucy@uptownuni. com
手机：07790-675423
11月10日

尊敬的先生/女士：

您好！

之前在与您通电话时，我已经介绍了自己正在做的关于家庭暴力的研究项目。这次，我将调查问卷装入文件夹中，寄给您，供您查看。文件夹中附带了阿普敦大学为我出具的身份和事由证明，证明我是在完成学前教育专业的学位课程。

现在，一件重要的事情是想邀请您及幼儿园参与我的研究。当然，我向您保证，研究是匿名的。如果您及幼儿园在研究过程中不认可有些观点并想要退出的话，可以随时退出。

研究采取匿名方式的原因是，我想获得大家对家庭暴力问题的不同认识，包括对家庭暴力这个问题的研究是不是应该在幼儿园提出、讨论这个问题是否适宜等。

此次调查时间非常有限，还请大家尽快完成。完成后请封好问卷，于11月30日前寄给我！

非常感谢您抽出宝贵时间看完我的信。我衷心希望您及幼儿园能喜欢并愿意参加我的研究项目。研究结束后，我会将研究结果摘要发送给您。

如果您有任何问题和意见，请及时与我联系。联系方式在信件上方。

谨以问候！

露西·霍尔登（Lucy Holden）

· 调查问卷（见表 8–1）

表 8–1　调查问卷（举例）

家庭暴力调查问卷

说明：请如实填写您的意见，在相应的方框里打“√”。

Q1. 在您的专业生涯中，是否听到过儿童家庭暴力事件？

是□　否□

Q2. 您听到这些儿童家庭暴力事件后，帮助儿童了吗？

是□　否□

Q3. 如果帮助过，您能细说一下整个事件吗？

能□　不能□　如果不能，为什么？ ________________

Q4. 如果 Q3 选择“能”，您觉得自己成功到什么程度？

非常成功□　比较成功□　成功□　不成功□　非常不成功□

其他________________________________

Q5. 您觉得自己是否适合回答家庭暴力的问题？

□适合　为什么？ ________________

□不适合　为什么？ ________________

Q6. 您是否知道某些组织指派专人来处理家庭暴力事件？

知道□　不知道□　不确定□

如果知道，您知道是谁？ ________________

Q7. 如果 Q6 选择“知道”，那么这个人具体在做什么工作？ ________________

Q8. 最近有学校发起了有关家庭暴力问题的讨论，你们举办过类似活动吗？

是□　否□　不知道□

Q9. 您觉得将家庭暴力问题纳入课程体系中，是否合适？

合适□　不合适□　不确定□

Q10. 您觉得应该在儿童几岁时将家庭暴力纳入课程体系中？

4~6 岁□　7~8 岁□　9~11 岁□　中学阶段□　不确定□

续表

Q11. 您是否觉得教育可以防止或减少家庭暴力问题产生？ 是□　否□　不确定□ 感谢您抽时间填写问卷。如果您还有其他任何建议和想法，请另附纸记录。 非常感谢您的配合。

· 信封

个案研究

露丝研究了两所幼儿园，幼儿园里的工作人员几乎都是女性。露丝想要了解，在这样的幼儿园里，女教师对于和男教师一起工作有什么样的感受和看法。

为此，露丝在职工会议上向大家介绍了自己的研究，即研究女教师的看法和观点，了解男教师在幼儿园工作面临的困难。她询问了各位教师对研究方案的看法。大家建议，研究应该使用问卷调查法，辅以访谈法。露丝设计了一份问卷，然后将问卷封好，发给所有的教师。因为露丝研究的是一个比较敏感的问题，所以她决定在教职工休息室里放置一个自制信箱。待问卷填完后，教师自己可以封好问卷，投进自制信箱里。自制信箱完全可以保证匿名调查，不要说教师之间互相不知道，就连露丝自己也不知道这些问卷是谁填的，因为问卷是大家自己“邮递”到自制信箱里的。正因为如此，露丝的问卷回收率非常高。这份问卷也激发了大部分教师的研究兴趣，几乎所有参与调查的教师都乐于与露丝再次交谈，讨论相关问题。

编写问卷

编写问卷的关键是研究者对自己的研究问题和想要调查的信息非常清

晰和明确，因为问卷中的问题绝不允许出现歧义或模糊不清的情况（Denscombe，2007）。问卷太长是一个普遍存在的问题，这会导致很多被研究者不能填完所有问卷。一般情况下，一张 A4 纸双面打印就足够了。

设计问卷时，研究者要谨记以下内容。

· 如果没有额外的信件来介绍问卷的话，研究者必须在问卷顶部简要解释一下自己的研究，说明研究目的。

· 问卷必须清晰说明填写时可以匿名。

· 检查问卷外观。

· 语言简练。

· 问题不会诱导被研究者。

· 句子不要太长，要简练，不要语义含糊。

· 专业术语少用。

· 问题从易到难排列。

· 问卷末尾有致谢。

问卷中的问题类型

按照表 8-2 所示问卷，调查一下学前教育专业的学生，体会不同类型问题的设计方式。

表 8-2　调查问卷（举例）

学生选择学前教育专业的动机调查

问卷试图了解学生选择学前教育专业的动机。您的回答有助于我们更好地了解您的动机。本问卷为匿名填答，请根据自身实际情况如实作答。

您的性别：男□　　女□

您的年龄：________________

续表

（列举法）

请列举出 3 个促使您选择学前教育专业的理由。

1. ______________________________

2. ______________________________

3. ______________________________

（封闭式问题，回答“是”或“否”）

学前教育是不是您专业选择的第一选择？

是□　否□

如果不是第一选择，您想学的专业是什么？

____

（李克特等级量表）

一般来说，我喜欢学前教育专业。

完全同意□　部分同意□　不同意□

（排序法）

请从以下列举的选择学前教育专业的动机中，选出 3 个适合自己的动机，将标号记在相应的选项前面。

1＝第一动机　2＝第二动机　3＝第三动机

□毕业后就业机会很好

□我唯一能选的专业

□我喜欢与儿童有关的工作

□我响应国家号召，满足国家对学前教育工作者的要求

□我还不太确定自己想要读什么，所以我会一边上课，一边考虑

□与儿童一起工作是一件有趣的、有价值的工作

（开放式问题）

当您从学前教育专业毕业后，您想从事什么类型的工作？

____

对于自己为何选择学前教育专业，还有没有其他理由或原因？请陈述。

____

非常感谢您的支持和配合。

上面的问卷示例中，一共涉及了以下类型的问题设计法。

· 列举法

· 封闭式问题，回答“是”或者“否”

· 李克特等级量表[①]

· 排序法

· 开放式问题

研究者在设计问卷时，问题类型最好多样化，但不一定非要各不相同。不管选择什么类型的问题，研究者都要保证问题能让被研究者感兴趣，愿意填写。所以，研究者应该将不同类型的问题结合起来使用，以获得各种证据，以备研究者后续使用。

编写李克特等级量表

李克特等级量表是一种普遍的问卷设计方式，它是通过测试来了解人们的态度和看法。一般来说，设计李克特等级量表包括以下步骤。

1. 列举行为表现

列举行为表现，是指研究者要先将该领域中对被研究者来说比较重要和有意义的行为一一列举出来。一般来说，这些行为来自研究者阅读的文献或与被研究者进行的非正式讨论。研究者要将这些行为以正面的和负面的两种方式陈述出来并展现在问卷中。正面陈述和负面陈述在数量上应该相等。

2. 选项分类

李克特等级量表一般采用五点记分法，即设计五个固定的、不同等级

---

① 李克特等级量表（Likert Scale）或译为里克特等级量表，是美国社会心理学家李克特1932年设计的一组量表。该量表由一组陈述组成，每一陈述有“非常同意”“同意”“不一定”“不同意”“非常不同意”五种回答，分别记分为5、4、3、2、1（也可以用其他方式记录）。每个被调查者的态度总分就是他对每道题回答分数的总和，这一总分可说明他的态度强弱或者他在这一量表上的不同状态。该量表易于理解、操作，是心理测量中的常用量表。——译者注

的选项，供被研究者选择，一般这样表述：非常同意、同意、不确定、不同意、非常不同意。

3. 选择被试测试

问卷设计好后，研究者选择一定数量的被研究者进行测试。

个案研究

使用李克特等级量表问卷进行调查

简在当地向80名学前教育工作者邮寄了自己设计的基于李克特等级量表的调查问卷（见表8-3）。通过这份量表，简想要研究学前教育工作者究竟有多少时间是在指导儿童学习、到了什么程度。简知道，在幼儿园，教师是非常忙碌的，他们不太能够完成太长的问卷。所以，她选择用这种直接的、便于使用的李克特等级量表进行调查。在量表以外，简还设计了一些问题，用以了解教师的背景信息。有了这些背景信息，即使是随机选择的样本，简也可以在问卷调查后进一步了解教师的特定看法。简制定了六人一组、每月一次的网络会议制度，用以进行彼此进一步的沟通。

表8-3　基于李克特等级量表的调查问卷（举例）

幼儿教师专业性调查问卷

亲爱的幼儿教师：

您好！

这是一份调查幼儿教师专业性的问卷，调查目的是了解幼儿教师对自己在幼儿园中专业角色的认识。幼儿教师的水平是提升学前教育质量的关键，发挥着影响学前教育质量的作用，关系着政策的贯彻和执行。为此，我们专门设计了一份问卷，邀请您填写，以使我们有机会了解您对自己扮演的幼儿教师角色的认识。

续表

您的回答有助于扩展我们对幼儿教师的认识。您的回答也不会被公开。任何有关您和您机构的信息都不会出现在研究结果中。您可以将您的姓名和机构信息写在问卷上，这样我们可以通过打电话或发邮件的方式与您取得进一步联系，帮助我们更深刻地理解相关内容。

请务必在 2 月 12 日之前将问卷返给我。

邮寄地址：A. N. 阿瑟（A. N. Other），波普尔顿大学（Poppleton University）

电子邮箱：a. n. other@ poppleton. ac. uk

期待您的回复！

诚挚感谢！衷心祝您生活幸福！

如果您有任何意见和建议，请发电子邮件或给我们打电话。电话号码：07983 234 567。

请在对应的横线上填写您和学校的相关信息。

姓名：____________________________

学校：____________________________

电子邮箱：____________________________

1. 学校类型

私立日托班	
儿童中心	
非全日制日托中心	
儿童看护中心	
其他（请描述）	

2. 您的工作年限

0~2 年	
3~5 年	
6~10 年	
11~15 年	
16~20 年	
21~25 年	
26~30 年	

续表

3. 取得幼儿教师资格证的时间

2006 年	
2007 年	
2008 年	
2009 年	
2010 年	

4. 现任职方式

有验证的	
长期	
短期	
全日	

5. 最后学历

学前教育/儿童教育专业学位	
幼儿教师基础学位	
教育学学位	
有教师资格证	
非学前教育专业学位	
无教师资格证	
硕士学位	
其他	

6. 获得幼儿教师资格后是否任职

是	
否	

续表

7. 选出最能代表自己观点和态度的选项，在相应的方格内打“√”

说明	非常同意	同意	不确定	不同意	非常不同意
我觉得自己扮演的幼儿教师角色并不重要					

说明	非常同意	同意	不确定	不同意	非常不同意
我对自己作为幼儿教师的角色认识很清晰					

说明	非常同意	同意	不确定	不同意	非常不同意
我的同事对自己作为幼儿教师的角色认识并不清楚					

说明	非常同意	同意	不确定	不同意	非常不同意
我的单位支持我扮演幼儿教师角色					

说明	非常同意	同意	不确定	不同意	非常不同意
在很多情况下，我作为幼儿教师的角色不能得到他人的支持					

说明	非常同意	同意	不确定	不同意	非常不同意
我能在幼儿园里引领儿童的学习和发展					

续表

说明	非常同意	同意	不确定	不同意	非常不同意
我不能在幼儿园里进行任何改变					

说明	非常同意	同意	不确定	不同意	非常不同意
我能在教学中反思自己的领导能力					

说明	非常同意	同意	不确定	不同意	非常不同意
我的专业发展需求没有得到满足					

请将您关于幼儿教师的任何想法自由地表达在这里

感谢您的支持与配合！

总结

通过本章，你知道了以下内容。

- 问卷调查的不同使用方法。
- 问卷设计的不同方法。
- 调查问卷可以成为三角互证法的重要内容。

推荐阅读

M. Denscombe. *The Good Research Guide* [M]. Buckingham: Open University Press, 2010.

本书第一章介绍了调查研究的焦点在于审视调查方法，第九章介绍了如何填写调查问卷。在使用问卷调查法方面，这两章为初学者提供了很好的参考。

J. Siraj-Blatchford. *Surveys and Questionnaires: An Evaluative Case Study* [M] //G. MacNaughton, S. Rolfe, I. Siraj-Blatchford. Doing Early Childhood Research: International Perspectives on Theory and Practice, 2nd ed., Buckingham: Open University Press, 2010.

本章为我们展示了一个有趣的讨论，即如何结合小规模调查来解决问卷调查的问题。在进行小规模调查时，本章告诉我们很多关于问卷设计和抽样的有用信息。

第九章　研究结果分析

本章学习目标

- 研究结果展示的方法及意义。
- 如何形成研究主题并撰写标题。
- 知道研究结果分析也包括了理论探讨。

通过前面几章所述内容，研究者已收集到了相关数据和资料，有了许多新发现。接下来，研究者需要借助多种方法来让研究变得有意义。本章的主要内容是探寻各种解释、理解并让所有收集来的研究资料变得有意义的方法。通常，一个研究在执行过程中会收集各种各样的数据和资料。研究者只有认真组织和呈现这些资料，以方便后期数据分析，才能达到最初期待的研究效果。

就形成研究论文而言，研究结果可以和研究分析出现在同一章中，也可以被分为两个部分，分别在两章中出现。有些机构要求研究者将研究结果展示和研究结果分析放在一起。当然，也有一些机构要求研究者要将两个部分分开，分成两个截然不同的专门章节，即研究结果一章，研究结果分析为另一章。本章主要讲研究者如何在一章中将研究结果展示和研究结果分析统整起来，因为大多数研究者在呈现研究数据和资料时会顺带进行研究结果分析。不过，在本书的第十一章，我们也会专门论述如何进行数据分析。研究者需要了解具体要求，以决定自己究竟选择哪种方式。

数据简化与归纳

研究者在收集数据的过程中，通常会使用问卷调查法、访谈法和观察法等方法，最后获得的数据也会形式各异。那么，如何呈现这些形式不同、数量庞大的数据，让其具有意义呢？一般情况下，将所有数据都呈现出来是不可能的，研究者必须从中做出选择。这个选择数据的过程，就是数据简化与归纳。

如何简化和归纳数据

数据简化和归纳使用的主要技术就是编码并形成主题，具体方法和技术包括以下这些。

· 通读所有的数据，不断重复，最终熟悉和了解自己要收集的数据

· 从数据中寻找任何可能的相似数据

· 用马克笔将这些相似数据标注出来

· 用同一种颜色标注重复和意义相同的数据，这便是数据的抽码和编码。抽码和编码有助于研究者发现数据呈现的固定形式。通常，研究者能抽取出的代码大概有 8~12 个，有时会更多。

· 仔细查看已有的编码，看看哪些编码可以组成一组并形成一个主题。尝试将所有编码纳入 4~6 个不同的主题下并形成论点。这些主题很有可能会变成研究者分析和讨论的主要论点。

· 主题与研究问题之间是什么关系？

· 主题与已有文献之间是什么关系？

· 讨论和分析，形成不同的主题和论点，结合文献进行论述，见图 9-1。

图 9-1　主题与文献结合并形成讨论

个案研究：编码与形成主题

这是一个关于儿童进行追逐游戏的个案，它向我们展示了编码的具体方法。在阅读时要注意：为什么马克要进行不同的编码？效果如何？形成了多少个编码？主题是如何形成的？

个案研究

编码实际上是在阅读问卷和访谈记录并查看视频内容的基础上进行的。研究者要反复查看数据，随时记录发现的观点和证据。因此，编码首先是找到具有相似事件、事实、意义和经历的某些短语、句子和整个段落（Robson，2011），用笔将其标注出来，然后反复阅读和对比，这样一些编码会得到确认并被保留，一些编码会被重置，甚至形成新的编码。完成的编码要与已有文献结合起来并进一步锤炼，直至形成完整的编码体系，如表 9-1 所示。

表 9-1　访谈记录中开放式问题的编码和描述

序号	编码	描述
1	发展和发现	通过追逐游戏对儿童发展、学习和自我发现的意义来定义
2	一件自然而然的事情	描述了追逐游戏自然驱动儿童发展的过程
3	感觉良好的因素	追逐游戏被定义为令人快乐、幸福以及增进相互关系的有益活动

续表

序号	编码	描述
4	一种保护	在追逐游戏中，儿童需要避免外界伤害，减少体力消耗，从而规避吵闹
5	安全感与恐惧	被安全、风险、痛苦、恐惧、消极情绪、威胁和伤害等问题包围着
6	空间	影响追逐游戏准备及其质量的复杂性因素
7	不同个体的经历	不同的被访谈者提供的追逐游戏实例
8	性别	涵盖了任何评论和讨论以及关于性别差异的一般性观点
9	男孩和女孩	围绕着追逐游戏，关于男孩应该是什么样的、女孩应该是什么样的想法
10	参与规则	态度、检查、协议、干预、规则和限制等
11	权力、成人和权威	与政府、教师和家长之间的权力比对
12	文化	在追逐游戏中，文化对儿童的影响

如上所示，在形成初始编码后，研究者就要围绕着研究问题形成一个又一个的主题，从数据中得出论点。为此，研究者要重新检查初始编码的连贯性和一致性，有必要将那些不能纳入已有主题的编码挪移到其他主题下，或者重新命名并形成新的主题。在此个案中，研究者通过产生新主题和给主题重新定义的方式，最终形成了四个主题，并选择了某个词或短语来给主题命名。这有利于保证数据的真实性，深化对数据的理解和认识。表 9-2 为我们展示了最终形成的主题及其描述的内容。在结果呈现时，研究者会展现某些案例，借此来阐明每个主题的内容，并以此为基础进一步分析和探查研究问题。

表 9–2　相关主题与描述

相关主题	描述
我可以做我自己 · 发展和发现 · 一件自然而然的事情 · 感觉良好的因素	这个主题不仅强调了相关人士所认可的追逐游戏能为儿童学习和发展提供机会，而且强调了追逐游戏是一个自然而然的过程。诸多事实和案例描述了这类游戏可以引发的积极影响，说明这类游戏能潜在地提升儿童的生活幸福感
淤青和擦伤 · 一种保护 · 安全感和恐惧 · 空间	这个主题列举了相关人士对儿童在追逐游戏中出现的安全行为所表达的形形色色的担忧，其中特别提到了空间问题，同时包含一系列围绕着责任和保护而出现的、有关紧张和压力的讨论
男孩/女孩的事 · 不同个体的经历 · 性别 · 男孩和女孩	这个关于性别的主题，就男孩和女孩在追逐游戏中的不同游戏方式达成了共识，包括从个人因素和家庭背景着手、从其他相关人士那里着手以及从和追逐游戏有关的人那里着手。参与访谈的被调查者围绕性别问题表达想法
游戏规则 · 参与规则 · 权力、成人和权威 · 文化	这个主题描述了儿童的追逐游戏被控制和被管理的权力形成机制及其运作方式，同时描述了已经建立的规则如何受到儿童和父母、教师以及政府的约束和制约。该主题也探讨了与身体游戏、性别有关的文化问题

下面的案例是关于户外活动的访谈文本。研究者将不同编码用不同的数字罗列出来，完成编码的过程。

个案研究

我想，在户外活动这件事情上，我们要确保孩子们每天不论下雨或者天晴（1），都要被带出去进行户外活动，这很重要。以往我们经常如此，现在的课程设置（2）也支持和鼓励我们去做自己认为是正确的事情。我必须说，在这里，我们非常喜欢和孩子们在户外一起玩、一起学习。我想这有可能是因为我们当中一些人参加过培训（3），还有自己小时候也有很多参加户外活动的经历和体验（4），特别是和我的姐姐一起玩（5）。所以，带孩子们去户外参加活动，让他们积累户外活动经验，非常重要。后院有一小块空地（5），那里有沙、水可以玩，还有一些废旧轮胎。男孩似乎更能从户外活动中受益，他们经常在那里玩，所以他们也需要经常被看着。当然，我们发现，女孩好像也越来越喜欢那里（5）。尽管不是很大的花园，但是它也足够我们使用。年长的孩子非常喜欢走到那里，就好像那里是野外一样（6）。我们曾去那里野营过，非常小心地绕着圈跑（7），围着火堆唱歌。夏天时，我们一起去那里野餐，孩子们很喜欢那里。我也喜欢那里。有时，下雨天，我们也去。有一句话说过："没有坏的天气，只有难看的衣服。"（6）有些家长并不喜欢那里，他们会说"孩子们身上沾满泥土，特别是没有靴子的时候，那非常糟糕"等话（8）。因此，我们也很沮丧。

从上面的编码中，我们发现以下几个主题逐渐显露出来。

（1）天气并不重要。

（2）课程意在鼓励和支持教师的理念。

（3）培训能增加自信。

（4）关于户外活动的个体经验。

（5）性别与户外空间。

（6）亲近自然。

（7）身体条件和安全因素。

（8）家长意见。

初始编码形成后，研究者可以利用这些初始编码检查所有的访谈文本，在一段段的访谈文本和观察记录中，将符合编码要求的内容分辨出来，再将这些编码纳入更大、更上位的主题中。

资料归纳与呈现

将编码和主题从原始数据中抽取出来，仅仅是数据简化和归纳的第一步，因为研究者只是将大量的观察和访谈资料简化为少数几个主题，并没有对数据进行深层次的加工和处理。数据简化和归纳的第二步，是将这些主题以图表方式呈现出来。图 9-2 就是这个过程的总结和概括。对于研究者而言，呈现数据和资料的一条捷径，就是将这些内容以图表和访谈内容节选的方式呈现出来。

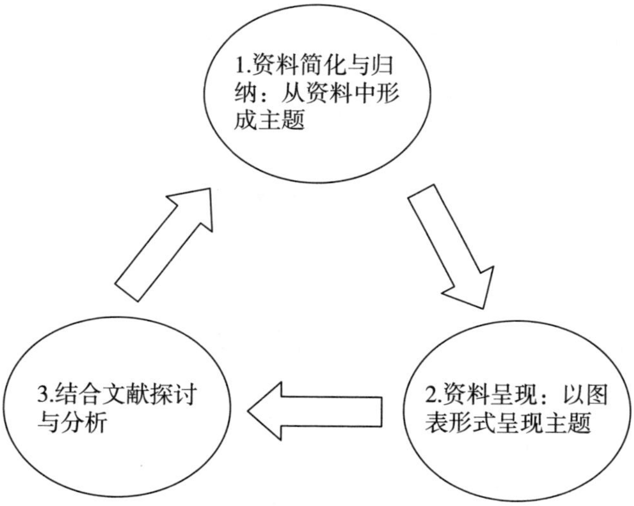

图 9-2　资料归纳、呈现和分析之间的关系

一般情况下，研究者先对主题进行组织和分类，然后做成图表。简化和呈现资料的过程，可以帮助研究者更好地理解数据和资料，更清晰地分辨出资料中凸显出来的观点，使后期的资料分析更容易。

下面，一名学前教育专业学生研究了不同幼儿园开展户外活动的差异。他抽取了两所户外活动开展方式完全不同的幼儿园，采用问卷调查法、访谈法和观察法等研究方法收集资料。他严格遵照上面所述的步骤，从调查问卷、访谈文本和观察记录中抽出8个核心主题，如表9-3所示。不论是研究者，还是读者，都很容易从中看到两所幼儿园在组织户外活动时的相似和不同做法。

表9-3 两所幼儿园开展户外活动的核心主题比较

主题	矮田野幼儿园（Low Field Nursery）	春日花园幼儿园（Spring Garden Nursery）
空间	缺乏空间，几乎没有平整地面，草木疯长，有泥土	大花园和田野，有草、树和灌木
教师	教师担心并关注儿童的身体和安全问题	教师全身心参与户外活动，有自信
服装	许多儿童的衣服质量不好，不太适合参加户外活动	家长知道为儿童提供质量好、适合参加户外活动的衣服
性别	女孩不愿意参加户外活动	男孩和女孩都喜欢参加户外活动
师生比	师生比高，户外活动时常出现问题	师生比低，人手足够
资源	废旧轮胎，较脏的沙坑，设施破损	自行车、踏板车、秋千、滑梯、沙坑、大山坡、攀爬架和户外玩水区
环境	吵闹的街道紧挨着幼儿园	环境比较安静

运用数据软件进行资料分析

数据软件能够帮助研究者有效地组织、整理、分析和呈现数据和资料，如运用Excel和Nivio[①]软件。但是，研究者必须清醒地认识到，任何数据软件只是分析资料的工具，一定无法帮研究者完成研究。在之前的案

① Nivio是一款支持进行定性分析（Qualitative Analysis）的软件。它可以收集、整理和分析通过访谈、讨论和问卷调查等获得的不同类型的数据，突破以往质性研究获得的资料无法做进一步处理的局限。研究者使用Nivio软件时，可以对获得的文字资料以及图片、录音和录像等资料进行分类、排序和整理，探究发展趋势，生成并导出理论模型，最终获得研究结论。——译者注

例中，研究者设计了李克特等级量表，在两所幼儿园分别选择 20 名教师进行研究。表 9-4 和表 9-5 为我们展示了这 40 份问卷的答题情况。

表 9-4　矮田野幼儿园 20 份问卷调查结果

幼儿园利用户外空间的程度					
	很同意	同意	不确定	不同意	很不同意
我喜欢和孩子一起参加户外活动	11		7	2	
我认同户外活动的基本要求	5	3	12		
我们有足够人手开展户外活动			10	5	5
我没有参加过关于户外活动的培训课程	17			3	
孩子穿着适宜的衣服参加户外活动		4	7		9
孩子淋雨时，家长不高兴	15	3		2	
男孩和女孩都参加户外活动		3	12	5	
户外活动资源不太充分	14	3	3		
我想组织更多的户外活动①	2	6	1	3	6
孩子们需要更多的户外活动时间	4		10	6	

表 9-5　春日花园幼儿园 20 份问卷调查结果

幼儿园利用户外空间的程度					
	很同意	同意	不确定	不同意	很不同意
我喜欢和孩子一起参加户外活动	17		3		
我认同户外活动的基本要求	12	8			
我们有足够人手开展户外活动	10	5	5		
我没有参加过关于户外活动的培训课程		1		3	16
孩子穿着适宜的衣服参加户外活动	9	4	7		
孩子淋雨时，家长不高兴		1	3	2	14
男孩和女孩都参加户外活动	11	3	4	2	

① 数据按照原书处理，未做修改。此处缺失的两个数据可能是在最初调查时就已缺失，译者将其原样呈现。——译者注

续表

幼儿园利用户外空间的程度					
	很同意	同意	不确定	不同意	很不同意
户外活动资源不太充分			3	6	11
我想组织更多的户外活动	10	6	4		
孩子们需要更多的户外活动时间	14	3	2	1	

利用 Excel 表格，研究者可以将数据转换成图表，供研究者进行比较分析。图表式的直观呈现方式，可以帮助研究者进行数据分析，获得研究结果。通过两组数据，我们能清晰看出两所幼儿园究竟是怎样利用和使用他们的户外活动空间的（见图 9-3）。利用 Nivio 软件，所有的数据和资料都能被贴上标签或被编码，然后以树形结构揭示出它们之间的关系。

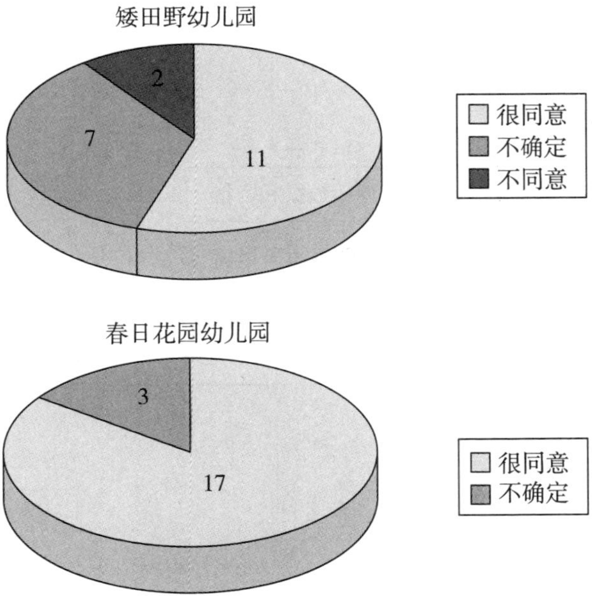

“我喜欢和孩子一起参加户外活动”结果统计图（单位：人）

图 9-3 由表 9-4 和 9-5 转化而来的图（举例）

推导出主题和编码

如图 9-4 所示，主题和编码一般会从原始数据中直接归纳得出。在这种方式下，研究者不需要提前将某种编码强行放在原始数据和材料中，而只需要进行归纳。另外，研究者也可能需要预先确定某些重要的主题和编码，用这些已有的主题和编码去分析数据，将原始数据和资料嵌进去，而这时的主题和编码可以直接来自文献。研究者只是将主题和编码简单地输入了自己的研究中，即从已有文献推导出主题和编码（见图 9-5）。

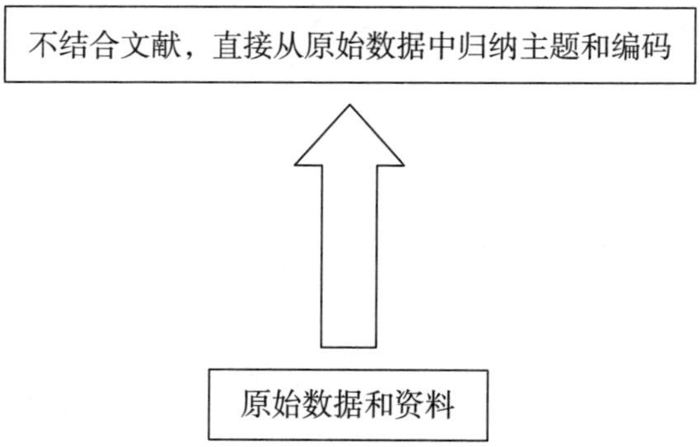

图 9-4　从原始数据中归纳主题和编码

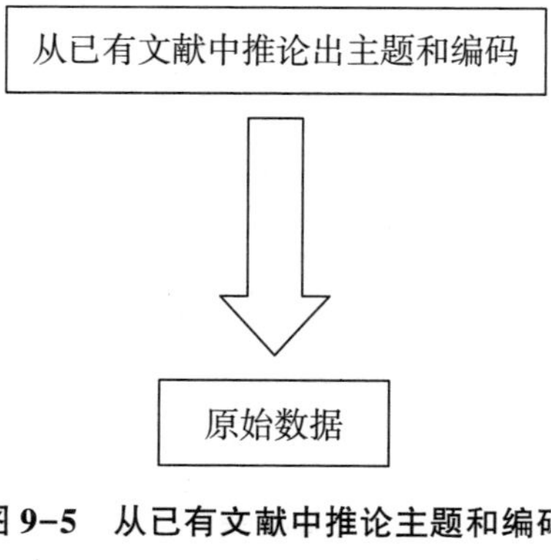

图 9-5　从已有文献中推论主题和编码

实际上，主题和编码既会来自研究者的设想，又会来自对该领域文献的研究（见图 9-6）。

图 9-6　从原始数据和已有文献得出主题和编码的演示图

大规模使用数据

在学前教育研究中，研究者需要仔细厘清事实和现象中包含着的复杂性问题，因为任何有关学前教育的观点和争论都不可能被简单地划分为绝对的“黑”或绝对的“白”，因此研究者也要尽量避免做出类似的结论。在很多情况下，教师的所作所为是相互矛盾的，甚至不一致。通常，教师会告诉你这件事情这样做，但在实际观察的时候，你会发现，他们通常说一套、做一套。事实上，如果研究者的原始数据和资料展现了这样或那样的矛盾关系，那其实就是在告诉你，这个研究可以从被研究者身上看到复杂性。

假使研究者在研究讨论中引入了多种声音，同时又有多个视角呈现，那么它会增加研究的复杂性。之前我们谈过的马赛克法，就是鼓励研究者要将儿童、成人和教师等的观点都纳入其中。不同的声音在同一个情境中，会激发研究者产生多种视角，而这些视角又在一定程度上增加了研究的可信度。众所周知，没有哪个人看待幼儿园的视角会与别人完全相同。如果不同群体的人对同一个观点持有近乎相同的看法，那么整个研究将非常不可信。有时候，看待同一问题的路向不同甚至相反，才有利于幼儿园的发展。所以，研究者在自己的研究中要努力将这些不同和差异体现出来。

研究者在分辨重要资料、获得核心主题和编码时，若熟悉该领域的已有文献并能在此基础上进行工作，将非常重要。从文献中锁定部分重要内容，能帮助研究者从原始数据和资料中快速定位出那些已经基于现有文献讨论过的内容。通常，研究者并不能在第一时间内就确定应该将哪些资料纳入讨论、哪些资料被剔除出去。研究者根据文献内容，将其与资料进行匹配，进而讨论、质问以及分解从访谈、问卷和绘画作品中获得的资料，这才是讨论和分析的核心内容。从这个意义上说，对文献的良好把握，是帮助研究者成功分析资料的关键性因素。

在呈现研究结果时，研究者选择的数据和资料必须要内容丰富，能包含每个论点。这是告诉读者，研究者要坚信自己抽取出来的数据能表达自己想表达的内容。讨论的重点是告诉读者，为什么要用自己分析过的数据来说明研究问题。

在组织和整理数据的过程中，研究者需要注意以下几个问题。

1. 为什么要选择这部分数据？

2. 什么叫“告诉我”？

3. 选择出的数据如何支持论点？

这里需要强调的是研究者为什么要选择某些特定的数据。其实，选择数据经常与某个观点或论点的建构有关，而这个观点或论点也是研究者坚信的或者想要突出的。

全面把握相关领域的文献，能帮助研究者从数据和资料中准确辨别出其他不同的主题。这些主题贯串在整个研究过程中，不断地在研究者头脑中被激发，最终成为讨论的内容。

下面关于不同性别友谊关系的研究，为我们展示的并不是一种新的研究方法，而是在说明如何在不同的主题下组织和分析材料。

思考

阅读下面的案例，思考以下问题。

- 主题是怎样联系在一起的?
- 主要论点是什么?
- 如何在原始资料和文献的基础上形成论点?
- 如何将原始资料与文献整合起来?
- 使用了什么样的数据和资料分析方法?
- 分析过程和论点是否可信?
- 是否为自己的判断和解释提供了足够的数据支持?

个案研究

主题 1：友谊的同伴关系分析

绘画、观察记录和访谈资料都指向并说明了友谊的同性趋势。和之前表达的观点一样，这些来源不同的资料也说明了部分儿童的友谊是双性的。为此，我让 22 名儿童各自画了一张自己和朋友玩耍的画，通过以下三个问题来分析每张画的内容。这三个问题如下。

1. 作者的性别是什么?
2. 作者画的是男孩还是女孩?
3. 他们在玩什么游戏?

借助于这些画，我们收集到了许多有趣的定量与定性资料。其中，60%的女孩和 80%的男孩分别画了和自己同性别的朋友。图 9-7 和图 9-8 以饼状图的形式为我们呈现了这些结果。

饼状图的数据表明，儿童的友谊具有明显的性别偏向。因为这个结果只是基于 22 名儿童的画得出来的，所以研究者不需要特意强调统计结果是否可信。这里得出的结果正好回应了以往相关研究的结论。之前有研究强调，基于性别的友谊关系是儿童同伴关系发展的特

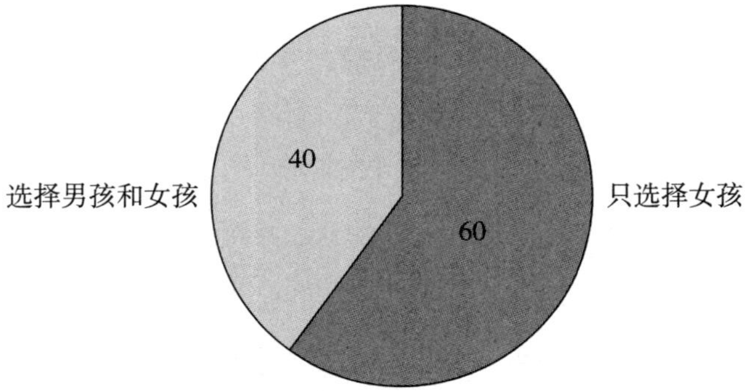

图 9-7　女孩选择同伴的性别分布（单位：%）

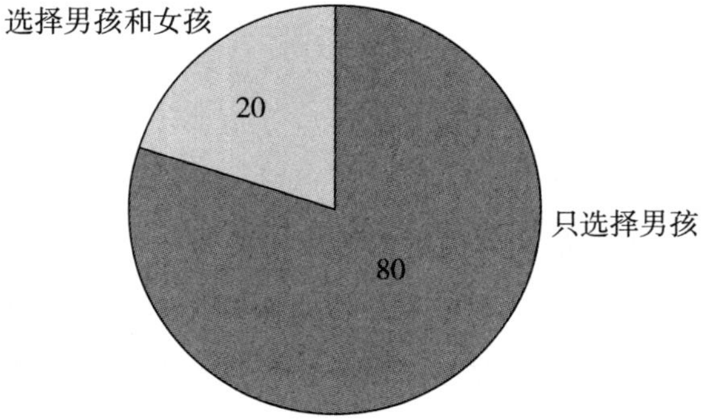

图 9-8　男孩选择同伴的性别分布（单位：%）

征之一（Erwin，1998；Jacklin & Lacey，1997；Maccoby，1996）。也有研究表明，优先发展的同性友谊可能与儿童性别认同的发展相一致（Erwin，1998）。乍一看，这些数据似乎认为，致使儿童形成与同性之间友谊的主要原因是儿童是在自己的文化和社会背景下去理解成为男孩意味着什么、成为女孩意味着什么。

事实上，依然有争论的是，依然有40%的女孩会同时选择男孩和女孩做自己的朋友，有20%的男孩会将女孩也纳入自己的朋友考虑范围。图 9-9 是其中一名儿童的绘画作品。女孩选择异性做朋友的比例高于男孩选择异性做朋友的比例，表明女孩更接受和男孩一起玩，男孩却较难接受和女孩一起玩。这个从小样本得出来的结果，似乎与爱

图 9-9　儿童的绘画作品

泼斯坦（Epstein）的研究异曲同工。爱泼斯坦在自己的研究中指出："对女孩来说，更有男孩子气意味着更强大、更有力量；对男孩来说，更有女孩子气只会让他们显得更羸弱。"

40%的女孩会选择和男孩做朋友，只有 20%的男孩会选择和女孩做朋友，这再一次证实了这一论断。斯科尔顿（Skelton）在自己的研究中也发现了这一结果。他强调，与女孩容易跨过性别去找男孩玩不同的是，鲜有男孩会跨越性别界限。如有一个女孩在访谈时表示，她的好朋友主要是男孩。为此，她很自豪，说："你瞧，我经常和男孩玩，所以妈妈说我是假小子。"

即便科林（Colin）画的人物主要是男孩，但根据我的观察，科林经常和女孩一起玩。在随后的小组访谈中，科林否认了自己经常和女孩玩。这种言行明显是自相矛盾的。

与之相类似，爱泼斯坦在自己的研究中也发现了类似情况。他解释说，在特定的社会情境下，经常和女孩一起玩的男孩容易丧失其在群体中的权力和力量。斯科尔顿也在自己的研究中指出，在特定情境下，经常参与明显带有女性刻板印象游戏的男孩，更容易受到其他男孩和女孩的嘲笑和戏弄，这些男孩通常被认为是存在潜在问题的儿童，并会受到其他男孩的欺凌。麦克·安·葛哈尔（Mac An Ghail）也指出，“教育机构就是一个‘阳刚’制造设备”。爱泼斯坦（1998）则认为，“对于身处教育机构中的男孩来说，企图从常规中剥离尤为困难”。科林一再否认自己和女孩一起玩的事实，就是因为男孩和女孩互为“警察”，监督彼此是否出现性别偏差。于是，刻板的性别特征和行为得到了强化（MacNaughton，2000）。在小组访谈时，科林一旦当着其他男孩的面承认自己经常和女孩一起玩，就会受到其他男孩的攻击。经过慎重反思，我们认为，在小组访谈时，应该将科林和女孩放在一组，而不要和男孩放在一组，这样的方式可能更适合他。

从性别角度对儿童游戏的内容分析，我们确认了克拉夫特（Craft）此前的观点，即儿童持有对自己性别的刻板印象和认识，所以男孩知道自己在游戏中的适宜行为是什么，女孩也知道自己在游戏中的适宜行为是什么。绝大多数男孩会选择具有攻击性和竞争性的游戏主题，如恐龙、足球和打仗。女孩则偏向于选择比较温柔的家庭类游戏，如芭比娃娃和画画。我的观察也证实，男孩选择身体类活动要比女孩多。男孩之间、女孩之间相互分享相似的经验，形成了彼此尊重的同性友谊。也就是说，他们各自满足了自己的兴趣需要，又各自发展了自己的技能，同时成为各自游戏活动的“专家”。

上述论点牵扯到另一个论点，那就是男孩和女孩互相监督着彼此的行为表现（Epstein，1998；Mac An Ghail，1994；Skelton，2001），这影响到儿童绘画的内容。因为这些画是孩子们坐在一起画的，所以现在这样的座位形式导致他们表现出了性别刻板内容。在反思之后，我们认为，以后在画画环节，我们要把孩子们分开，避免相互影响。但是，这种做法明显缺乏伦理性。

另外，研究者的观察既证实了上述提及的观点，也反驳了某些看法。如研究者发现，有些男孩遵从教师的时间比女孩多，有些男孩表现得比较安静、害羞和顺从。观察也发现，男孩和女孩也经常混杂在一起，一起闲聊，一起参加活动。

(2004 年 1 月 23 日，9：45~10：45，小组读写活动)

安妮（Anne)、简、杰克、斯图尔特（Stuart）和比利一起看《棕熊棕熊》(*Brown Bear Brown Bear*) 并分享故事内容。在阅读过程中，他们一直在讨论图画的组织和布局问题，还有文字问题。看到好笑的地方，杰克和简两个人会不约而同地同时笑起来。看起来，他们很喜欢这个小团体。

这个观察记录表明，儿童在特定情境下的社会性交往程度更高，更倾向于一起活动和游戏（MacNaughton，2000)。在另外的情境里，如在游戏场地中，男孩和女孩的群体友谊则划分得相当清晰和明显。

下面的观察记录充分表明，男孩在游戏中多选择与身体有关的活动，也容易打扰到别人。女孩则完全不参与，基本置身事外。

(2004 年 1 月 28 日，14：30~14：40，游戏时间)

杰克、本（Ben）和丹尼（Danny）三个人手拉手，排着队在操场上跑步。其他男孩笑话他们，大喊："你们是多好的朋友吗?"三个人手拉着手，冲向其他孩子。他们的队伍被冲散了，然后又排起来，又冲散了，又排起来。玩了一会儿，本停下来，去饮水机那里找水喝。丹尼把他推到一旁，自己先喝。本又把他推出去，大声说："嗨，小子，你干吗呢?"就这样，本和丹尼你推我，我推你，直到教师喊他们并说："到草坪上去，把你们用不完的力气都拿去踢足球吧!"

从上述案例中，我们看到三个男孩选择了以身体活动为主的游戏，他们的游戏行为进一步证实了他们的性别刻板行为。这一结果再次证实了麦克诺顿（2000）提出的男孩在操场上活动时的社会化交往程度更高、活动范围更大，并且支配着整个公共区域。儿童的这种行为具有这样一种社会意义，即儿童行为越来越符合各自归属的、独立的性别标签。此外，教师鼓励男孩去踢足球，把旺盛精力用在足球上，这也再次说明男孩的身体素质具有的优越性。克拉夫特（1994）和麦克诺顿（2000）提出，教育可能会进一步固化儿童的性别印象。当然，这也存在部分交叉和混合，如有很多女孩会和男孩一起踢足球，一些男孩会和女孩一起站在操场边拍手、闲聊和做游戏。在下面的案例中，女孩玛丽（Mary）和男孩查理就喜欢一起玩蜘蛛侠游戏。

查理说："我们玩了一个很酷的蜘蛛侠游戏。你把毛衣披在肩膀上，喊一声'蜘蛛侠'，然后我就追着你到处跑。"

玛丽说："好的，你把我抓住后，我们就交换角色。"

我在观察中发现，玛丽和查理非常喜欢自己的小团体，不管在什么场合都这样。这对以往研究中提出的同性别友谊团体居主导位置的结论提出了挑战。为此，我访谈了操场上的教师，她也证实了这一情况。

主题 2：友谊的性别差异

麦科比（Maccoby）提出，儿童的友谊存在性别差异，具有不同的性别特征。我通过绘画、观察和讨论等方式收集资料，发现儿童的友谊存在性别差异。麦科比认为，男孩在交友时，总是去寻求力量和刺激。在我收集的儿童画主题中，足球和其他身体运动占有绝对优势，这证实了麦科比的观点。然而，杰克评论说，尽管男孩喜欢和身体素质很棒的同性交朋友，这样的朋友关系也通常能使友谊变得更加积极向上，但是在游戏情境以外，他们却趋向于避免任何与身体力量有关的行为。研究者与杰克、路易斯以及简的谈话内容为我们揭示了这一过程。

研究者说："你认为怎么样才算是好朋友？"

杰克说："我喜欢的好朋友是对我好的人、能帮助我的人，我喜欢和我一起踢足球的朋友。所有的男孩都喜欢踢足球，包括杰克、路易斯……"

路易斯说："是的，是的，我也喜欢和我一起踢足球的朋友，还有和我一起在操场上玩的朋友。"

简说："我喜欢和我一起玩的人。我喜欢我的朋友去我家里参加聚会。"

路易斯说："是的，是的，我也喜欢朋友去我家里，玩我的遥控车。"

研究者说："你认为怎么样就不是好朋友？"

简说："我不喜欢我的好朋友把我推倒或者对我有什么企图。我不喜欢我的好朋友像我的'上司'一样。"

杰克说："我不喜欢好朋友打我，然后他们在你告诉老师真相之前，先跑到老师那里撒谎，说你打他！我不喜欢有人那样做。"

路易斯说："比利输掉游戏，就不是我的好朋友。他经常输掉游戏，还打别人，然后，然后……他也打过我。"

在这里，杰克或者路易斯都不认为活动性强、力量大以及攻击性强是受人欢迎的朋友应该有的品质。他们的话语折射出了像活动性、侵害、攻击和欺凌等这类对坏朋友的描述词汇，这也出现在克拉夫特的研究中。所以，值得争论的是，至少对部分男孩来说，那些属于男孩的性别刻板行为不一定代表友谊的积极属性。麦科比（1996）认为，女孩在友谊中更想满足交流和沟通的需要，简在上述访谈中对友谊的看法确认了这一观点。当然，杰克也提到，朋友就是所有对他好的人和所有帮助他的人。

麦科比在研究中指出，女孩倾向于将亲密、爱和交流视为友谊的积极属性。简的观点确认了麦科比提出的女孩之间友谊的属性问题。但是，这类属性也不仅是女孩之间友谊的特征。如威廉姆就借助自己的画（见图 9-10）说明，乔治之所以是他的朋友，是因为乔治帮助了他，对他很友好，还有就是乔治跟他说话很和气。

图 9-10　威廉绘画作品

儿童的友谊关系是复杂的。这一论断也被教师的回应所证实。当问到“你是否坚信男孩和女孩会在他们的友谊中寻找到不一样的属性或特征”时，教师说：“不……不，我没有那样说，我想男孩和女孩在友谊中寻求的是同一种东西，他们都希望有人和他们玩，对他们很好，有好玩的游戏……”

杰克林（Jackin）和拉西（Lacey）在研究中指出，教师也会对儿童友谊产生影响，尤其是在活动室里。教师影响儿童友谊的基调。从这个意义上说，教师对儿童友谊的最大影响在于他们确保了儿童在幼儿园中友谊的质量，保证友谊朝着性别整合的方向发展。

这个研究整体上是被一个研究问题所推动的，即对于年幼儿童来说，他们的性别和友谊之间究竟是什么关系。研究者通过这个研究，证实了麦克诺顿（2000）的观点，即儿童的友谊受到社会定义的性别适宜行为的制约和影响。研究证实了有关同伴关系的现有观念，尤其证实了男孩和女孩与友谊这个概念所关联着的各种特征。同时，研究也证实了相关文献中所提到的内容，即友谊是儿童用来探究自己在社会生活中所处位置、认识自己的有力工具。儿童关于男孩和女孩应有行为的所有预想都来自他们自己建构起来的友谊关系。

总结

通过本章，你知道了以下内容。

- 简化、归纳和呈现研究数据和资料的基本过程。
- 抽码、编码并形成主题和编码。
- 在文献基础上形成结论。

推荐阅读

G. MacNaughton，P. Hughes. *Doing Action Research in Early Childhood Studies* [M]. Buckingham：Open University Press，2008.

本书部分章节讲到了数据分析的过程，清晰的步骤展示了如何编码并呈现资料、如何筛选不同的资料。

L. Richards. *Handling Qualitative Data：A Practical Guide* [M]. *London：Sage Publications*，2010.

本书对资料分析的整个过程做了非常好的概述，其中包含了大量的图表，用以清晰解释研究者分析资料的具体方式。

第十章　撰写文献综述

本章学习目标

- 理解文献综述的意义和价值。
- 考虑如何组织各类文献。
- 知道文献的不同种类。
- 找到各类文献的出处。

为什么要做文献综述?

为什么要做文献综述？必要性何在？对于研究者而言，这些都是很困惑的问题。很多人一听到做文献综述，就会头大，甚至畏缩胆怯。其实，每一个做文献综述的研究者，都不必觉得痛苦和难以忍受。做文献综述的主要目的是让读者了解在学前教育这一领域内，别人已经做过的研究是什么。因此，研究者不必太过胆怯。在了解了本章内容之后，研究者就会了解文献综述对于一个研究的重要意义和价值，知道如何做文献综述。对于一个好的研究，研究者必须熟悉研究问题，熟悉该领域的主要观念和观点。做文献综述能帮助研究者更好地理解自己的研究在以往所有研究过该问题的研究中所处的位置在哪里，厘清自己研究的意义和价值。

广泛阅读文献

做文献综述的第一步，就是围绕研究问题广泛阅读文献。不论研究者选择了什么样的研究问题，围绕着这一问题总有许多已经做过的研究。或许人们并不一定会提出全新的观点和看法，或许研究者提出的研究问题比较突兀和随意，但不论怎样，与之相关的、公开发表的相关研究是必定存在的。所以，在研究开始时，研究者就应该投身于浩瀚的文献中，广泛涉猎相关文献，不要太顾及这些文献究竟是什么，只要它与儿童发展有关就可以。研究者在阅读文献的过程中，会逐渐了解到与研究问题相关的那些争论、观点和看法。

个案研究

伊丽莎白（Elizabeth）对儿童发展评价很感兴趣。于是，她基于这个方向去收集文献，阅读自己感兴趣的内容，既包括网站、报纸上关于评价的探讨，也包括其他专业的学术杂志、著作的内容等。她把从各方面得来的信息和资料与自己的专业知识和经历结合起来，帮助自己理解研究问题。

通过阅读文献并结合自己的专业知识，伊丽莎白发现在儿童数学学习和读写能力发展中存在大量正式的、标准化的儿童评价内容。据此，伊丽莎白接受并认同了这样一种观点，那就是正式的、儿童导向的学习故事评价，可能比单独的读写能力评价和数学计算能力评价更有效。

个案研究

珍妮（Jenny）对户外游戏促进儿童发展的研究非常感兴趣。起初，她以为在这个领域里应该没有太多的研究。但是，当她开始在网络上查找资料时，她惊讶地发现，对户外游戏的研究相当丰富。在刚开始阅读文献时，珍妮选择阅读所有与户外游戏有关的研究，这些研究再一次点燃了她研究该问题的兴趣和热情。她广泛涉猎了多个方面的文献资料，包括森林学校（Forest School）和斯堪的纳维亚教学法①、户外游戏设备与安全问题、户外游戏的文化观和历史观、户外游戏的天气与着装问题、同事和家长的观点、户外游戏的创造性资源、阻碍户外游戏开展的因素以及如何克服等。基于阅读的文献，珍妮了解了很多有趣的观点和看法，同时也意识到，自己还需要更多、更深入地阅读文献，将自己的研究问题聚焦在户外游戏的某一个方面。通过阅读文献，珍妮最终发现，户外游戏是一个相当有趣、有意思的研究题目，她的选择是对的。

形成自己的观点

搜集并阅读文献、撰写文献综述的另一个重要意义在于，撰写文献综述能帮助研究者厘清和聚焦自己的研究问题，帮助研究者形成相关的看法和观点，最终一步步地聚焦在研究问题上。事实上，了解其他教师如何看待这个问题也很有意义，因为它能帮助研究者认识到自己的研究其实被纳入到了一个更大、更广泛的研究中。通过了解自己的研究在整个大的知识体系里的相对位置，研究者能够表达自己对原有研究的看法，从而形成自己的认识。这样的过程反过来又会促使研究者将所有重要的观点生成为一

① 斯堪的纳维亚教学法（Scandanavian Approaches）泛指芬兰、挪威、瑞典、冰岛以及丹麦等国家在儿童早期教育上注重游戏、坚持人性化以及自由平等、注重学生个性自由发展以及强调全民终身教育等做法，教学自成风格。——译者注

系列研究内容。阅读文献的过程，就是研究者了解并形成自己的认识，最终形成一系列观点的过程。阅读文献的过程，能反映出研究者自己的专业知识和经验是什么样的。或许，别人通过阅读研究者的文献综述，能了解研究者的观点和文献之间的关系，就像图 10-1 所示。

图 10-1 形成自己的观点和认识的过程

从图 10-1 中，我们发现，良好的文献阅读必须与研究者的个人专业知识、经验紧密结合起来，这样才能完成整个研究。文献综述的重要性就在于使研究者知悉该领域的所有研究，并在此基础上形成自己有关该问题的具有内在关系和逻辑性的观点。

个案研究

安德鲁（Andrew）是如何形成自己的观点和认识的？

安德鲁的研究问题是追逐游戏在儿童发展中的作用。在刚开始阅读文献时，他发现大家对追逐游戏有很多研究，形成了很多观点。有些研究鼓励儿童开展追逐游戏，有些研究则发现了儿童开展追逐游戏的弊端。后来，安德鲁意识到，这种形式的游戏对儿童发展的积极作用应该在幼儿园里宣传。阅读文献的过程也是他反思的过程。一方面，通过阅读文献，他形成了自己的观点，同时找到了一系列支持并证明追逐游戏具有积极作用的证据；另一方面，他认识到，在支持和赞成追逐游戏的同时，自己也应该衡量来自正反两个方面的证据，关注和讨论相反的观点和看法。下面的文献综述就从正反两个方面呈现了观点和证据。当然，安德鲁也保留了自己的观点。因此，这是一篇不错的文献综述。

弗兰德斯（Flanders）等人（2010）在对19个男孩、15个女孩及其他们的父亲进行追踪研究的过程中发现，父亲与儿童之间开展的追逐游戏，确实影响儿童能否成功控制自己的攻击性冲动、影响儿童如何解释他人的情绪状态。史密斯在2010年的研究中强调，追逐游戏能促进儿童的社会性发展，尤其促进儿童理解他人情绪能力的发展。

潘克塞普（Panksepp）认为，作为一种游戏形式，追逐游戏的重要价值在于，当儿童开始玩追逐游戏时，他可能正在经历八种积极的情绪状态中的三种，即寻找、照料和游戏，这三种状态根植于儿童的大脑。现有研究证实，游戏缺失会对儿童的暴力行为和其他反社会行为的出现以及行为固化产生深远影响（Marks-Tarlow，2012；Brown & Webb，2005）。很多研究指出，儿童注意力不集中，与儿童较少参与身体类游戏密切关联。身体类游戏能极好地促进儿童大脑的成熟（Panksepp & Scott，2012）。

尽管如此，这个问题依然具有两面性。一方面，家长特别关注并担心儿童有没有在游戏中受伤；另一方面，越来越多的研究发现，儿童依旧会积极、主动地玩那些可能包含危险性内容的游戏（Sandseter，2013），尤其是追逐游戏，它被认为带有一定的危险性，可能会对参与者造成伤害（Smith，2010；Scandseter，2013）。越来越严格、细致的儿童保护程序，对儿童安全防护问题的高要求以及那些具体的条款，都在无形中验证了桑德塞特（Sandseter）教授提及的观点，即儿童游戏具有强烈的厌恶风险趋势。这种来自家长和教师的观念，仅将目光局限在儿童身体受伤害上，无视因为限制儿童参与身体类活动而导致的其他伤害，如儿童身体的孱弱、肥胖，情绪、智力、社会性等发展的受限以及儿童遭遇到的注意力不集中等问题（Marano，2008）。

文献综述的重要性，在于研究者能将自己的观点和看法建立在已经发表和出版的成果之上，明确自己研究的位置，即通过文献综述，向读者表明该研究并非空穴来风或者独一无二，而是与已经发表的研究存在密切关系。这样来看，文献综述能帮研究者厘清自己的研究与已有文献中观念、争论和观点之间的关系。广泛阅读文献的意义就在于此。正是在文献综述的基础上，研究者开始构建并形成自己的认识。

研究者应该阅读哪些文献?

通过搜索引擎，研究者会发现大量有关儿童发展的资料、文章和政府文件等。在阅读文献时，研究者首先要保证自己尽可能广泛地涉猎各类文献，这有利于研究者形成自己的认识。一般情况下，搜索引擎搜索到的文献分为两种类型，一类是灰色文献，一类是同行评议文献，如表 10-1 所示。

表 10-1　灰色文献与同行评议文献比较

灰色文献	同行评议文献
· 学前教育在线聊天室 · 博客等 · 电视、广播和网络 · 当地教育权威网站 · 专业杂志 · 视频资料	· 图书馆藏书与电子书 · 杂志和论文 · 国家政策与法规

灰色文献

灰色文献包含许多吸引研究者注意力的观点。有时候，这些观点与研究者的认识一致，能有效帮助研究者集中思考自己的问题。此类文献对于帮助研究者了解有关学前教育的最新进展很有价值，也能展现许多对政府决策的尖锐看法。受作者个人生活经历的影响，博客等的信息带有明显的个人特征，其信息很少被引用。与之相类似，许多杂志和报纸也会发表意见，但有时缺乏有效的证据支持。所以，所谓的灰色文献是说文献可能很有意思，但由于这些文献经常不是基于研究得出的，所以在学者来看，这些文献没有太大的价值，通常不被包括在文献综述范围内。

同行评议文献

在学术研究中，灰色文献和同行评议文献的地位大不相同。一般情况下，研究者引用灰色文献，并不能引起他人的注意。所以，使用这类文献要非常谨慎和注意。当然，就像前面强调的，灰色文献有时也有用，因为这类文献多数意在回应政府的倡议，并易于从网站获取，所以便于研究者很快地获取相关信息。同行评议文献则需要经历很长时间后才能出版。经过同行评议的文献，通常产生于高质量、有效的研究中。多数文献令人信服，有说服力。所以，相比于灰色文献，同行评议文献显得更有价值，也更有效。这里，同行评议是指一篇学术论文或一本学术专著会被送往同领域的其他专家那里，经过专家仔细阅读和甄选，最终决定该论文和专著质量是否过关以及能否发表或出版。由于评议专家并不知道论文或专著的作者是谁，所以评议过程是匿名的，以此来确保评议公开透明。这样看来，可以出版论文或专著的不仅是自己或同事，也可以是来自世界各地的作者。

部分使用同行评议的学前教育类杂志

《幼儿读写》（*Journal of Early Childhood Literacy*）

《幼儿教育研究》（*Journal of Early Childhood Research*）

《世界早期教育研究》（*International Journal of Early Years Education*）

《游戏》（*Play*）

《儿童早期发展与养护》（*Early Childhood Development and Care*）

《欧洲早期教育研究》（*European Journal of Early Childhood Research*）

《早期教育：国际期刊》（*Early Years: An International Journal*）

《当代早期教育热点》（*Contemporary Issues in the Early Years*）

其他包括早期教育内容的知名杂志

《英国教育研究》（*British Educational Research Journal*）

《教育政策研究》（*Journal of Education Policy*）

《英国教育社会学》（*British Journal of Educational Sociology*）

如何利用网络文献资源?

研究者通过搜索引擎来搜索学术论文，可能会获得很多的相关研究。但是，这只是最基本的搜索，研究者有可能只看到论文的标题和摘要，却看不到论文全部。这时，研究者就需要进入资源系统，注册登录后获得论文的电子版全文。一旦成功登录，研究者可以在任何一个资源库中查找到与自己感兴趣问题相关的文献。

举例来说，如果要在学前教育领域相关研究中查询户外游戏的优点，那么研究者可以在《幼儿教育研究》里查询。这时候，研究者需要登录主页，在页面搜索栏里输入查询关键词。一定要选择“在杂志内”查询，然后点“确定”，这样保证了研究者查到结果后，可以点击论文全文链接（见图 10-2）。

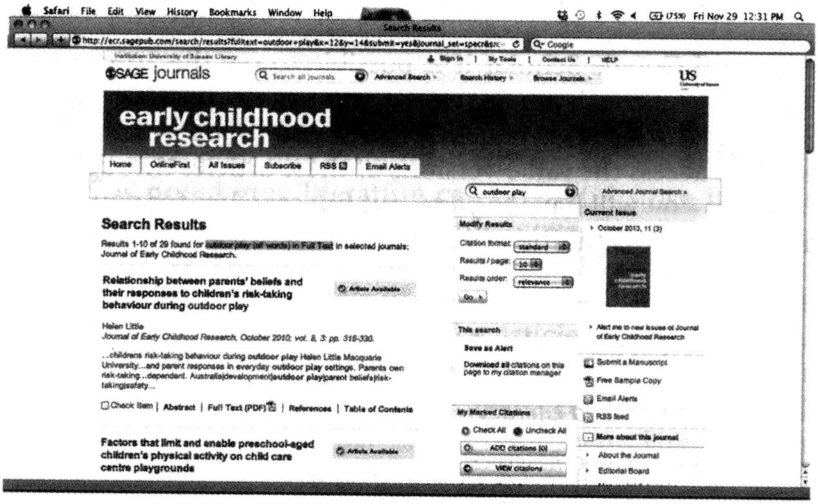

图 10-2　户外游戏相关论文查询（举例）

查询结果出现后，研究者如果发现了有价值的论文，可以先阅读论文摘要，然后浏览论文的副标题，看看主要内容。如果觉得论文确实很有价值，研究者可以打开 PDF 格式的全文，将其保存下来，以便后续阅读和查看。当然，将部分非常关键的论文打印出来，也非常有必要。这样，研究者可以在打印出来的论文上做标记，如在主要观点下面画线，将其标注出来，以便后面引用。有时，研究者会在一篇论文、一本书或者其中某一章内容里发现一些重要内容，既与自己的研究主题相关，又相当有用、有说服力。此时，研究者可以在这些论点的基础上进一步发展，形成自己的观点。这样，这些论文就是非常有价值的文献，需要研究者进一步探究。研究者可以根据这些文献索引和参考文献，了解作者最初的论点是怎么来的。这些像宝石一样的论文，是研究者构建自己观点的重要基础。在多数情况下，一些优秀的学前教育专家会连续发表多篇论文，因此，研究者只要知道他们的名字，就可以直接搜索，将他们发表过的论文查找出来。在形成文献综述时，这是一个非常不错的办法。尽管这个办法很有用，但是需要谨记的是，属于某个人的研究可能只代表了某一种观点和看法，所以为了平衡不同的观点并全面掌握文献，研究者还需要将与之相悖的观点也纳入进来。

如何利用全英教育文献数据库①查找文献？

全英教育文献数据库使用直接方便，是全面、综合的教育类数据库。这是一个专业的教育类数据库，英国任何一所大学的图书馆都有。该数据库界面清晰，易于查询，研究者可以轻松获得资料。如研究者想要查询最新发表的学术论文或者想要确切找到某些已经发表的论文，可以轻松地从该数据库中提取出相关文献。就像珍妮一样，她只需要在搜索栏里输入“游戏”“户外”“儿童早期”几个简单的关键词，就可以从数据库中查询到许多有关儿童早期户外游戏的研究论文（见图 10-3）。通过数据库，珍妮找到了 38 篇高质量、经过同行评议且有价值的学术论文。珍妮对这些内容都很感兴趣。研究者在已经查询到大约二三十篇可以被引用和参考的文献后，适当改变了检索的关键词，以期找到更多意想不到的文献。当

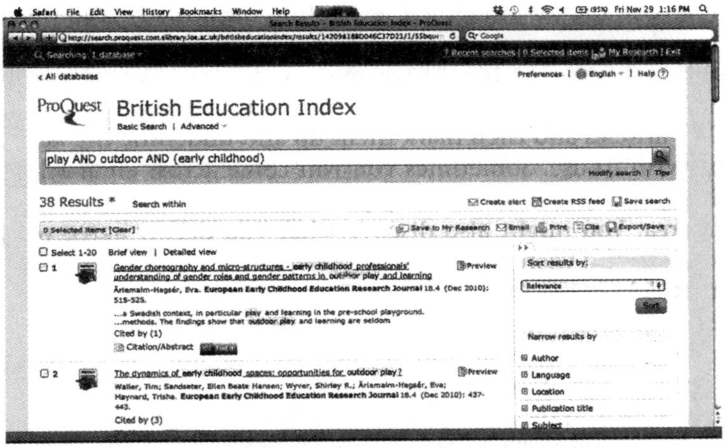

图 10-3　全英教育文献数据库搜索举例

---

① 全英教育文献数据库（British Education Index，简称 BEI）是全英最大、涵盖面最广且内容最集中的教育类大型数据库。该数据库涵盖教育政策、教育评价、教育技术以及特殊教育等多个内容板块，收录近 260000 篇教育类文献，文献时间可追溯到 20 世纪 50 年代。文献主题包括认知发展、计算机辅助学习、课程、教育心理学、教育技术、英语（第二语言）习得、语言获得、教育管理、多元文化教育、体育教育、科学教育、特殊教育以及教师教育等，覆盖内容较广。由于每个主题的文献都按照年龄段来排列，所以学前教育研究者可通过年龄分组，在各个主题中快速查找到与学前教育相关的资料。——译者注

然，研究者也可以直接搜索自己最关注的作者，了解他们最新发表的研究论文。因此，从做文献综述的角度来说，像全英教育文献数据库这样的资源，是相当有用的。

在使用全英教育文献数据库进行检索时，网站会通过研究者的个人账户，将 PDF 格式的全文通过 E-mail 的方式发送到个人账户上，论文会保存在个人账户里。以后，研究者可以根据需要慢慢阅读这些文献。

当然，研究者不管做什么，都要确保相关文献被保存在了安全的地方。否则，若等到整个研究项目结束后突然发现所有文献都找不到了，那就需要花更多时间来重新查找，这将非常糟糕。基于以上情况，我们发现，使用数据库非常有利于研究者发现那些重要、高质量的研究论文。

如何阅读有价值的文献?

假设在理想情况下，研究者确实查到了许多非常有价值的文献，这些文献确实有助于研究者深化对研究问题的认识，这时研究者可以依据自己的阅读风格，决定是将这些文献保存下来并阅读电子版，或者直接打印出来并阅读纸质版。不管以何种方式，研究者都需要花费大量时间通读每篇文献，然后将重要内容以图表方式记录下来。

思考

首先，请通读杰基·马什（Jackie Marsh）的文章（见网站：http://www.uk.sagepub.com/robertsholmes）：J. Marsh. Young Children's Play in Online Virtual Worlds [J]. *Journal of Early Childhood Reseerch*, 2010 (8): 23-39.

然后，在阅读过程中，将文章的主要观点和研究方法标示出来。

最后，阅读完请对照表格，看看自己和简摘录的核心观点是否一致，能不能从文章中发现对自己有用的信息。

个案研究

简在幼儿园里发现，部分儿童早上到园后会玩手机。她曾经问过一些儿童，询问他们究竟拿手机在做什么。结果发现，有些儿童在看视频，有些儿童在玩游戏。为此，她对儿童使用电子媒介的益处开始感兴趣。于是，她输入关键词“儿童早期电子游戏”进行查询，发现了很多有趣的论文。简通过阅读论文摘要，决定关注一位名叫杰基·马什的研究者。简查到了这篇论文，然后进行了深读，将重要的观点摘录下来（见表10-2）。你也可以将简借助表格整理论文的方式“拿走”，将其用在自己的研究中，形成自己的研究风格。

表 10-2　简的文献阅读记录表

问题	笔记
我喜欢论文中的什么？	对儿童网络游戏体现的儿童本位观进行调查和研究；以非常兴奋、积极和有趣的视角看待儿童网络游戏，阅读儿童网络游戏的文章；革新了人们对如企鹅俱乐部等这类游戏的认识和看法
文章的主要观点是什么？	儿童网络游戏可以是安全的、有趣的，能促进儿童与朋友、家长之间的语言交流和社会性发展
研究使用的研究方法是什么？	在教师的帮助下，对38名5~7岁儿童进行在线问卷调查，对10名儿童做小组集中访谈
我可以使用这些研究方法吗？	当然可以。就儿童网络游戏进行小组访谈是一个不错的主意，但我觉得对儿童进行在线问卷调查似乎有些不妥，建议改为观察儿童玩儿童网络游戏时的行为表现，记录儿童在电脑上玩游戏时的语言；或者改为画画活动，收集绘画作品，然后进行分析

续表

问题	笔记
文章是否取得了足够的证据以支持作者的主张？	是的。研究者对参与在线问卷调查的儿童做了大量详细的个案研究，证据充分。同时，研究分析也很全面、严谨
能从文章中“拿走”的主要观点和论点是什么？	以往，人们认为玩网络游戏的儿童是有问题的，是有消极作用的。但是，作者对此提出了质疑，认为儿童网络游戏可以是积极的，具有高社会性。儿童可以在虚拟的游戏和真实的游戏中与自己的朋友建立联系

在简所列的这个表格中，有一个非常有意思的问题，是对研究方法的说明。提出这个问题的意义，在于研究者在阅读文献时，能发现其他人使用的更有新意、更具创造性的研究方法。所以，阅读文献的最大益处，就是可以为自己的研究发现一系列的研究方法，其中的一些方法甚至可以直接为我所用。当然，研究者也可能会在阅读文献时，把可以引用的内容标记或者拷贝下来。最重要的是，一定要将相关内容记录下来。

如果研究者已经开始按上面所列的方法着手研究文献，那就一定能积累起一系列观点，为正式形成文献综述做好准备。上述方法能帮助研究者更好地挖掘每篇有价值的论文并形成系列笔记，为文献综述奠定良好基础。研究者可以将这些内容添加到自己完成的章节中。这样，一篇成功的文献综述即将形成。

绘制“思想图”

通过前面的做法，研究者已经收集、通读了所有的论文和专著，形成了系列化的笔记，均衡地反映了一系列正向和负向的观点。这时，研究者需要通过绘制“思想图”，梳理出主要观点之间的关系，将所有的想法和观点结构化、组织化，使其具有内在一致性。在图 10-4 中，简在自己头脑中生成了关于文献综述的“思想图”，生动地展现了自己如何展示观点并将这些观点以图画方式联结起来的过程。

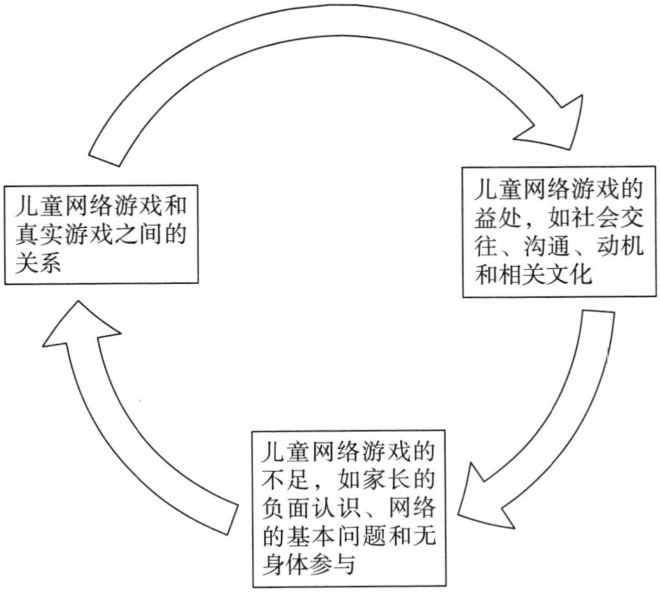

图 10-4　简的文献综述“思想图”

由于研究强调作者观点要有好的结构和说服力，并向读者证实并说明自己的观点，所以绘制“思想图”的关键作用是增加文献综述的结构和逻辑性，提升说服力。在绘制“思想图”时，研究者可以让读者看到自己观点的组织结构；也可以将所有观点依序排列，标上数字，以便进一步结构化。

综合观点

综合或整合的过程，简单来说，就是围绕特定的主题，将所有相同的和不同的观点详细阐明，整体呈现出来。这需要研究者将自己读过的所有文献放在一个文件夹里，按照逻辑排序，将各种观点整合起来。这里很关键的一点是，文献综述一定不是将自己读过的所有内容都做成摘要，堆在一起或简单罗列，而是要有目的性地呈现这些观点，将相同的和不同的观点编织在一起。一旦以这样的方式来呈现观点，观点的综合过程就完成了，详尽综合的文献综述也会呈现在读者面前。当作者的观点有所改变或有了新的进展时，研究者需要返回到“思想图”那里，重新梳理逻辑和次序，重新综合。

文献综述的撰写与不断修改

撰写文献综述的过程，从来没有什么捷径可以走。任何人都需要花费大量的时间和精力，长时间地集中注意力，自我约束，才能完成撰写。因此，为了有效地达成撰写目标，研究者需要为自己创设一个撰写环境，即自己比较偏向的工作环境。对有些人来说，夜里比较安静，适合撰写；有些人则喜欢在图书馆撰写；有人喜欢在自己最爱的办公室撰写。其实，在哪里撰写、什么时候撰写，都不太重要。重要的是，你选择的环境要能帮助你聚焦于工作，集中撰写，最终完成文献综述。一篇好的文献综述需要研究者长时间集中注意力，所以找到一个合适的地方，然后把自己藏起来，是最好不过的办法。除此之外，研究者还要花费大量时间和精力进行修改。唯有持续的修改，才能令自己的观点清晰明了。

一般情况下，一篇好的文献综述需要具备这样一些特征。

· 能均衡相同和不同的观点。

· 能将所有的观点整合为一个结果。

· 要明确研究问题。

· 要围绕论点计划好每个论点下的小标题。

· 用已有文献支持论点。

· 撰写时一定要先打草稿，然后再撰写；撰写完要修改，修改后再修改。

完成文献综述后，恭喜你，大功告成了。这时，你可以将自己的文献综述拿给指导教师看。如果指导教师修改了你的文献综述，提出了中肯的意见，千万不要不安。你只需要还像以前一样，系统性地检查几遍就行。另外，你非常有必要与指导教师见面，讨论文献综述中存在的问题，将自己不明白的地方了解清楚。

总结

通过本章，你知道了以下内容。

- 文献综述的不同方式。
- 搜索合适的文献。
- 撰写文献综述。

推荐阅读

英国爱丁堡大学（University of Edinburgh）网站上有关于绘制“思想图”的相关内容，详见：http：//www. ed. ac. uk/Schools-depantments/information-services/help-consultancy/help-services/online-help-guidance/students/it-help/guides/mind-mapping

E. Wilson. *School-based Research：A Guide for Education Students* [M]. London：Sage Publications，2013.

本书详细地介绍了撰写文献综述的方法。另外，本书对研究项目的开展也有实际指导作用。

D. Wyse. *The Good Writing Guide for Education Students* [M]. 3rd. ed. London：Sage Publications，2012.

本书带你了解文献综述的本质，提供了非常有用的攻略，可以帮助你撰写一篇优秀的文献综述。

第十一章　撰写研究论文

本章学习目标

- 知道研究论文的结构。
- 知道什么是批判性写作。
- 认识到抄袭的危害性。
- 明确研究者和指导教师的各自职责。

撰写研究论文前的准备

在开始正式收集资料并进行研究之前，研究者必须要完成以下几个步骤。首先，研究者在个人学科专业知识的基础上，结合个人研究兴趣，在阅读大量文献后，选择自己要研究的领域。其次，在阅读文献的过程中，研究者要不断思考自己要研究的问题是什么。这会导致研究者花更多的时间和精力去查找和阅读更多的文献。当然，在阅读文献的过程中，研究者也会了解到各种各样的研究设计、研究方法以及有关伦理问题的讨论内容，这些内容非常有利于研究者形成自己的研究方案。最后，更重要的问题是，研究者要遵照规定和要求，了解提交研究申请书和论文的程序与期限。一定要确保自己知道伦理问题审核的规定，知道研究申请书要写什么内容，同时知道提交研究论文的准确时间。如果研究申请书未被批准，那么研究者都没办法收集资料。因此，研究者可以为自己制订一份研究时间计划表，将自己的研究步骤列在这个计划表中，如表 11-1 所示，左边列出自己要完成的研究步骤，右边列出完成时间，将开始时间和结束时间明确标记出来。

表 11-1　研究时间计划表

研究步骤	开始日期	结束日期
选择研究领域，聚焦研究问题		
阅读该领域已有论文，起草文献综述大纲		
形成并修正研究问题		
阐释研究的方法论，选择研究方法		
申请研究并获得批准		
设计收集资料的具体方法，进行前测		
抽样，获得研究许可		
开始收集资料		

制订研究时间计划

在研究工作刚起步时，很多人会觉得结束时间还早，但是稍不留意，很快就到了结束时间。所以，为了确保自己能准时完成研究，研究者可以为自己制订一个研究时间计划，就像表 11-1 所示，先列出结束时间，然后倒推出开始时间，这样就能确保准时完成。

需要强调的是，研究方案的不同部分并不完全会按固定顺序依次进行。如有的研究者认为文献搜索和阅读是研究的第一步，那么从逻辑上来说，他的研究时间计划表的第一步就是先形成文献综述的大致框架，准时将文献综述框架提交给指导教师看。研究者可以根据需要个性化制订自己的研究时间计划，以便按时完成研究。表 11-2 展示的是一个研究时间计划表案例。

表 11-2　研究时间计划表（举例）

研究步骤	季节（月份）
广泛阅读，记录主要观点	春季及夏季
提交研究计划	10 月
确定研究问题，征得指导教师同意	11 月
提交研究申请书并获得批准	10—11 月
联系研究机构	11 月
撰写文献综述，不断完善	11—12 月
进行田野调查	11—次年 2 月
分析数据	次年 2—3 月
撰写研究论文	次年 2—3 月
提交研究成果	次年 3 月底

需要考虑的关键问题

以下问题是研究者在制订研究计划的过程中必须考虑的关键问题（见表 11-3）。仔细查看自己的资料，认真阅读并理解其含义，了解自己提交研究论文的时间和具体要求。回答表 11-3 所列的各种问题，可以帮助你更好地掌握研究计划。

表 11-3　关键问题

问题	答案
提交研究论文的截止日期是什么时候？	
研究论文的字数要求是多少？实际能超出多少或者少多少？	
研究论文包括几部分？标题分别是什么？	
每章要求多少字数？	
是否应该给指导教师提供样章？	
什么时候提交研究申请书？研究申请书什么时候获批？	

续表

问题	答案
申请时还应提交什么材料？资料收集案例？样本量？同意许可书？信息手册？	
资料收集是否要有前测？通过前测，是否可以发现使用中存在的问题？	
进入幼儿园收集资料的最佳时间是什么时候？	
幼儿园的假期是什么时候？工作人员什么时候在？	

通常情况下，针对学生而言，本科生的研究论文需要 6000~10000 字，硕士论文的字数要多一些，需要 15000~20000 字。有些人可能想知道研究论文每部分应该写多长。事实上，每部分的字数并不固定，没有定数。表 11-4 和表 11-5 列举了研究论文每部分字数的参考值，可以酌情参考。

表 11-4　不同部分字数比例表

内容	百分比
摘要	2.5%
文献综述	30%（含 5%的简介）
研究方法	17.5%
研究结果	30%
分析与讨论	20%

表 11-5　6000 字以内论文不同部分字数分配表

内容	字数
摘要	150 字
文献综述	1800 字
研究方法	1050 字
研究结果	1800 字
分析与讨论	1200 字

指导教师的责任

指导教师选择指导哪个人，取决于指导教师对这个人的研究问题感兴趣程度、指导教师自己的知识基础以及指导教师是否研究过这个问题。作为一种学术性、专业性的关系，指导教师和研究者双方都需要承担相应的责任，扮演不同的角色。双方关系的核心点是希望这个研究能顺利进行并如期完成。

那么，指导教师在整个研究过程中应该承担哪些责任呢？

· 为研究问题的价值和可靠性把关。

· 评价研究的伦理问题。

· 讨论并选择适宜的方法。

· 搜索文献资料。

· 确定指导的时间，注意倾听问题表述，适时发问，指导研究进程。

· 阅读初稿，查找问题，加注修改意见和批注。

研究者的责任

在指导教师和研究者的指导关系中，除了指导教师要承担很多不可推卸的责任以外，研究者自己也要承担很多责任。一般来说，研究者需要承担以下责任。

· 在参加指导教师组织的指导会时，务必提前到场。

· 努力准备自己的研究问题，在整个研究过程中努力阅读和写作。

· 每次要提前告知时间安排并准时提交自己的研究论文，以便指导教师及早安排，保证指导有充裕的时间。

· 及早确定并联系自己研究的幼儿园，方便进行研究。

· 认真倾听指导教师的意见，遵照意见行事。

· 严格遵守已经制订的研究时间计划，确保研究论文如期完成。

指导见面会

很明显，有了指导教师的指导和帮助，研究者的研究就有了保障，研究方案顺利完成的胜算就很大。因此，研究者一定要记清自己和指导教师见面的时间以及每次见面的主题和内容。与指导教师建立良好关系的重要一点，是确保自己每次见面时都能准时，而且在见面前，就将自己写好的研究论文发送给指导教师看。研究者可以和指导教师进行视频通话。通常，研究者应该至少在见面前的两三天就将研究论文发给指导教师，这样指导教师才有足够的时间阅读并提出意见。在前一次见面会结束时，双方应确定好下一次见面会的时间。当然，双方可以提前安排见面的时间和地点并电邮给对方，以保证双方都可以清晰地了解下一步的行动。指导教师和研究者之间通常会达成一个事项列表（见表 11-6）。

表 11-6　见面指导事项列表

研究者姓名：________________________________
指导教师姓名：________________________________
指导时间：________________________________
研究题目：________________________________
以往研究进展：
1. ________________________________
2. ________________________________
3. ________________________________
后续研究安排（下次见面前完成）：
1. ________________________________
2. ________________________________
3. ________________________________
下次会议时间：________________________________
研究者签名/时间：________________________________
指导教师签名/时间：________________________________

研究论文的基本内容

通常，一篇研究论文应该包括哪些内容？表 11-7 为我们展示了这些基本内容。当然，为了符合规定和要求，研究者还需要去图书馆查阅他人以往所做的其他研究论文，了解更多细节。如果图书馆没有的话，可以请指导教师帮忙借阅。研究者仔细查看以往研究论文的结构，了解研究论文的具体内容以及这些内容是如何组织的、如何呈现给读者的。在表 11-7 中，我们看到了一个研究论文应该包括的基本内容，包括标注各部分完成的时间。

表 11-7　研究论文的基本内容与完成时间

基本内容	完成时间
扉页：包含作者姓名、年份、专业、系所名称和总字数	
致谢：包括对幼儿园、家人、朋友以及指导教师等人的感谢	
摘要：整个论文的简短概述（约 300 字）	
目录：包含不同章节、部分以及各级标题的页码	
图表清单：文中所有表、图和附录所在的页	
导论：简要阐述研究理由、研究的个人原因和专业动因以及研究问题和研究方法概述	
第一章：文献综述	
第二章：方法论与研究方法	
第三章：研究结果	
第四章：分析与讨论	
参考文献：确保参考文献符合要求	
附录：研究申请书、知情同意书、幼儿园简介以及问卷与访谈记录示例	

扉页

研究者在研究过程中不能一下子就准确聚焦自己的研究问题，所以通常先草拟一个研究题目，然后再确定最终的研究题目。草拟的研究题目尽管不是很精练，但是能清晰说明研究问题，有助于研究者在研究中始终围绕它进行思考。研究者可以在查阅文献、翻看别人研究的过程中逐渐发现更好、更准确的题目。一般情况下，好的研究题目必须要简练概括，切中要害，明晰研究问题的领域和研究方法，就像下面这个题目。

早期教育评价：参与式评价与儿童权利的行动研究

这个研究题目明确阐述了该研究的研究领域是教育评价。冒号以后的内容是对前面内容的具体说明，即这个研究采用儿童导向的方法论，具体采用行动研究的范式。使用冒号其实是研究者确定研究题目的一种通用做法。从这个研究题目来看，它准确描述了研究的基本样貌、理论前提和研究方法。从总体上说，这是一个不错的研究题目。

下面这个也是一个不错的研究题目。

“不倒翁”：对幼儿园追逐游戏的态度和准备的个案研究

该题目立意突出鲜明，很聪明地引用了被调查者使用的一个词语，准确抓住了研究的精髓，也成功地吸引了读者的注意力，因此它是一个不错的研究题目。冒号之后的内容简洁说明该研究是一个个案研究，研究问题是关于儿童追逐游戏的。在这样一个简短而吸引眼球的题目中，读者能从中了解到整个研究的大致情况。

当然，扉页上除了标题以外，还要写上自己的姓名、专业以及其他必要信息。

致谢

通常情况下，致谢独立成页。研究需要致谢，是因为研究者在研究过程中肯定得到了很多人的帮助，所以需要在致谢部分向所有支持自己研究的人，如家人、朋友表达谢意。当然，研究者还需要感谢自己的指导教师以及愿意腾出时间参与研究的幼儿园和儿童。

摘要

摘要通常是研究者对自己整个研究方案的一个简短总结，字数一般在300字左右。因为要总结整个研究方案，所以摘要通常要最后完成。摘要的主要作用是让读者一目了然地看到整个研究方案的全貌，所以研究者需要概述研究的主要内容，并将其综述成形。一般来说，摘要要以简洁的语言和结构，将研究目标、方法论基础以及主要研究成果陈述出来，同时要说明研究背景、研究问题、研究理论框架、研究方法以及主要的研究发现。当然，如果有必要的话，也可以说明研究对学前教育的意义和价值。

摘要举例

明确说明研究方法

进一步说明研究想要解决的内容

研究者在此段落详细说明数据收集的具体细节

简短陈述主要的研究发现是什么

本研究使用定量研究、行动研究以及个案研究相结合的方式，对市中心一所小学附属的一个幼儿班进行了研究。研究旨在探明相关评价活动是否足以捕捉那些母语没有被学校接纳、显得比较安静和沉默的儿童的想法、感受以及经历。研究还回顾了联合国《儿童权利公约》的基本内容，同时分析了时下入学准备和游戏的相关内容。

研究者通过与幼儿班教师的小组访谈发现，入学准备的压力已经延伸到了幼儿班的儿童身上，导致教师觉得自己不能全力以赴地参与到与儿童、家长的互动活动中，从而影响良好人际关系的形成。研究采用马赛克法，参与到儿童的小组活动中，借助摄影和自制图画书的方式，与其进行多重方式的交流和沟通。研究以学习故事为结果呈现方式，证明在传统的评价方式之外，幼儿园也可以选择其他的评价方法。研究最终得出，像马赛克法、学习故事一样的参与式评价方法，确实能揭示出儿童生活的丰富性，看到儿童的快乐和担心，同时可以了解课程本身，看到儿童不同年龄段发展特点和学习发展模式之间的关系。但是，这种评价方式也有可能导致儿童经验的贬值。

以上是“早期教育评价：参与式评价与儿童权利的行动研究”的摘要。原英文摘要以 275 个单词简要概括了论文的主要内容。摘要清晰简洁，以两个自然段来说明研究全貌。第一段说明了研究的总体框架、大体轮廓以及研究的主要目标，同时说明研究采用的研究方法；第二段具体说明了研究的主要结果。

目录

在目录部分，研究者要将论文所有章节、部分以及各级标题的页码标注出来。表 11-8 是目录示例。

表 11-8　目录示例

续表

从表 11-8，我们看到，该研究包括四章。第一章是导言与文献综述。导言简要介绍了研究背景，说明该研究是研究什么的。文献综述则包括五部分内容和小结。第二章是方法论，分七个部分完整介绍了研究方法。第三章主要介绍研究结果，先以五个小标题呈现出来，然后是小结。第四章是结论与讨论。为了清晰展现结论，研究者将内容分成不同部分进行说明。最后，研究者列出了参考文献和附录。

以上是一个完整的目录结构。下面我们分别来介绍其基本内容。

第一章　导言与文献综述

通常，研究论文的第一部分是导言与文献综述。导言是作者用来介绍自己做这个研究的理由和研究背景的。一般情况下，这个部分不要写得很长。正是因为长度限制，所以导言通常不独立成章。但如果导言内容丰富，字数较多的话，也可以独立成章，放在论文的第一部分。导言的主要作用在于让读者了解研究方向。所以，在导言部分，研究者必须向读者介绍自己的研究问题，清晰界定研究内容，说明研究的背景性信息。与摘要一样，导言也经常在最后完成，因为只有论文的其他部分完成后，研究者才能准确把握并全面呈现论文的方方面面。

导言举例

以下是一个研究项目的导言，关注的是中国教师对游戏的态度和看法。

本研究是基于研究者自身的专业经历而开展的。作为一名中国公立幼儿园的教师，我经常感觉到自己已有的游戏理念与教育实践中普遍存在的游戏缺乏形成强烈反差。这让我的研究兴趣转向了解我的同事和其他幼儿园的教师究竟是如何认识和看待游戏的问题上。研究比较了中国幼儿园教师与西方国家幼儿园教师的行为和观念，结果发现，游戏有助于儿童的全面发展，其价值已经得到了大家的认可，它被视为儿童学习的工具（Vong，2012）。尽管教育者已经清晰阐述了游戏的概念，但是人们对游戏的确切含义依然众说纷纭，现有研究也不能清晰说明游戏究竟是什么、儿童参与游戏是为了什么（Deer，2009）。

本研究的目的是具体了解中国三所幼儿园的游戏组织情况并进行比较。此前，托宾（Tobin）、吴（Wu）和戴维森（Davidson）1989年通过对中国、日本和美国学前教育的比较，揭示出文化价值观对学前教育的强大影响。随着全球各个国家对学前教育的重视，游戏的价值以及游戏和教学之间关系的平衡，越来越成为国际社会关注的焦点（Wu & Rao，2008）。尽管近些年，中国的幼儿园教师和学者越来越认识到游戏的重要性，也尝试挑战并鼓励儿童以游戏的方式学习（Hua，1998），但幼儿园教师依然面临着来自社会、哲学、文化价值观以及家长教育期望等在内的文化信念以及社会、经济因素的制约和阻碍（Vong，2012）。尽管有人已经在中国研究游戏在幼儿园中的应用，但此类研究仍非常有限（Vong，2012）。

根据以上，本研究主要探讨了以下四个问题：

1. 北京地区三所幼儿园的教师如何理解游戏的价值和作用？
2. 哪些因素影响教师对游戏的认识和理解？
3. 三所幼儿园的儿童参与游戏的情况如何？
4. 在幼儿园里，哪些因素影响着儿童参与游戏的状况？

> 研究既有个人的原因，也有专业的原因。通常，这些都是研究不错的开始

> 首段非常明确地指出研究的理论界限

> 清晰说明研究的目的和研究的合理性

> 参考文献选择了中国和西方两方面的文献

总体而言，这个导言写得很好。首先，研究者广泛分析了相关文献，将个人兴趣和专业知识充分结合起来，提出了自己的研究问题。其次，研

究者非常清晰地将自己的研究问题界定在中国文化背景下，指出自己的研究要基于这个文化背景来展开。再次，研究者简要概括了研究的主要论点，以及在西方文化背景下和在中国文化背景下的差异。最后，研究者以该研究涉及的四个研究问题来结束整个导言。

文献综述

在第十章，有关文献综述的内容和案例已经介绍过。这里，我们依然有必要再次重申文献综述之于研究的重要性。众所周知，文献综述的主要作用在于了解某个研究领域内有哪些已有研究。对现有研究的阅读以及撰写文献综述的过程，就是帮助研究者充分了解该领域内的更多信息。在撰写文献综述时，研究者要注意，文献综述的基本内容要与研究问题相关，这样在论文的结论部分，研究者才可以直接回应文献综述中的相关内容。通常，文献综述要能准确定位该研究在已有研究中所处的位置。因此，研究者要确保自己的文献综述包含文献作者的各种理论视角和多样化研究方法。当然，研究者还需要在文献综述中说明自己的研究问题与现有文献之间的关系，阐明自己如何在现有文献的基础上推演研究框架。

第二章 方法论

在第二章，研究者实际上需要重新陈述自己的研究问题和主要的研究目标。具体来说，研究者必须在本章清晰描述自己的研究设计和方法、使用情况，有力地论述自己的研究设计将如何回答研究问题以及是否与理论框架相一致。因此，研究者要围绕研究方法的选择，将任何与之相关的观点展示出来，提出自己计划解决问题的适宜方法。这样一来，本章内容一般应包括以下几个方面：研究的方法论（包括方法论的理论基础与哲学原理）；研究问题；取样问题（包括样本选择与研究现场选择）；数据和资料的收集与分析过程（包括数据和资料的记录方式，如笔记、音频、视频等）；研究时间计划表（如果使用的话）；研究效度和研究的伦理问题。

这里需要提及的是，为了确保研究的效度，质化研究必须要有研究反思，内容涉及数据收集者的影响、研究者自身的感受、个人评价以及如何在研究过程中规避这些因素的影响等。从方法论来说，在质化研究中加入研究反思，有助于减少个人偏见对研究的影响。

方法论举例

下面节选的内容展示了方法论的部分内容。在这个内容片段中，研究者首先对本章内容做了一个简短介绍，引出了话题，然后对内容进行了介绍。很显然，这种做法给了读者一个概观，易于让他们了解本章的主要内容和观点。这里，研究者重述了自己的研究问题，然后用一个时间计划表来说明行动研究的整个进程。时间计划表能直观、形象地列出研究步骤和进程，让读者清楚明晰地知道研究的实施过程。

> 本研究基于个案研究，采用行动研究的研究范式，意在了解英国伦敦东部市区公立学校幼儿班中儿童、父母以及教师对追逐游戏的看法和态度。具体来说，本研究主要探查以下三个问题。
>
> 1. 在幼儿班，什么因素影响并决定儿童参与追逐游戏的频次以及对追逐游戏的理解？
>
> 2. 对于追逐游戏，儿童、家长和教师的态度如何？是否影响儿童参与游戏的能力和意愿？
>
> 3. 有无可能通过教学方式的改变，帮助和支持儿童参与追逐游戏？
>
> 在初始阶段，本研究遵循解释主义的研究范式，通过大量的经验、事实和现象，以行动研究来了解人们对追逐游戏的态度、幼儿班追逐游戏的开展情况及其意义。具体来说，本研究采用了问卷调查和半结构式访谈的方式。这里，解释主义的主要作用是帮助研究者将目光投注在人们对追逐游戏的多视角认识上，说明研究者如何与被研究者一起共同构建研究结果（Robson，2011a）。基于第一阶段的研究结果，在研究的第二阶段，本研究提出了三种干预方案，并在第三个干预方案实施期间收集了大量的视频观察资料和访谈资料。这些丰富的一手资料对于如何规划幼儿班后期追逐游戏的开展以及整个研究的后续进展，都有很好的参考和借鉴意义。

作为一种研究方法，行动研究因其合作研究的特性，非常适合于弹性、宽松的研究设计，因而在教育领域中被广泛使用（Robson，2011a）。行动研究基于研究能改进行动的基本理念（见图 11-1），试图更加深刻地探查和判断事实和现象，而不仅限于达成教师自我反思和从经验中学习的目的，况且行动研究本身已暗含这种目的（Baumfield et al.，2011）。因此，行动研究要求研究者同团队所有人员都保持科学、严谨的合作和对话，将教师的行动与学生学习紧密联系起来（Dewey，1910）。对于研究者来说，这种合作关系是行动研究的基本组成部分，需要通过与其他人员的合作，才能促使每个人迸发出新的认识（Kemmis & McTaggart，1988）。这样的研究设计，就是要尽可能地将幼儿班的所有人员纳入进来，形成一个包括儿童、家长和教师在内的研究团队。

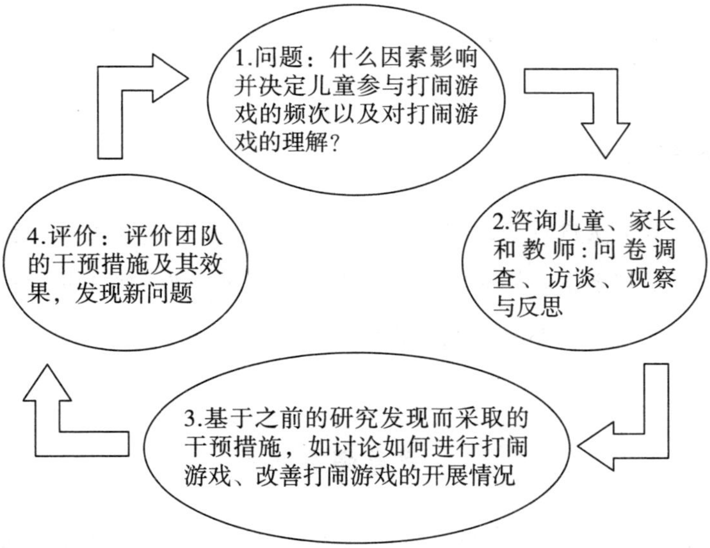

图 11-1　行动研究循环图

当然，在此部分，如何进行数据和资料的分析也是不可或缺的主要内容。

第三章　研究结果

研究者在此部分要介绍研究中最重要的数据资料和得出的结论。数据资料的分析过程能帮助研究者决定选择哪些资料、放弃哪些资料。对于研究结果的介绍，不能只简单描述从资料中发现了什么，而是要结合论点展示大量的证据。在收集数据资料的同时，研究者应该着手整理资料。经过数次资料整理，通过对资料的比较和分析，研究者将逐渐形成一个研究框架，以此来认识和解释研究结果。如果可以，研究者完全可以选择图表等形式来展示研究结果，以便让读者清晰了解研究的主要论点。研究者可以将研究结果与之前的某个理论观点或文献综述结合起来。事实上，这一部分的主要目的是展示研究结果，所以不需要引用文献。

研究结果举例

以下内容节选自一个研究项目，展示了如何将问卷调查所得到的结果以图表方式呈现出来、如何以主题方式展示访谈结果。需要注意的是，访谈资料如何编码以及如何一级级形成主题，是值得关注的问题。

问卷调查结果

图 11-2 显示，在幼儿班的六名教师中，选择男孩应在室内每周玩 2~4 次和每天玩一次的教师数量共计五名；在学前班七名教师中，选择男孩应在室内每周玩一次和每月少于一次的教师数量合计七名。图 11-3 显示，女孩应在室内参加追逐游戏的次数普遍较少，幼儿班的三名教师、学前班的五名教师认为女孩每月玩的次数少于一次。

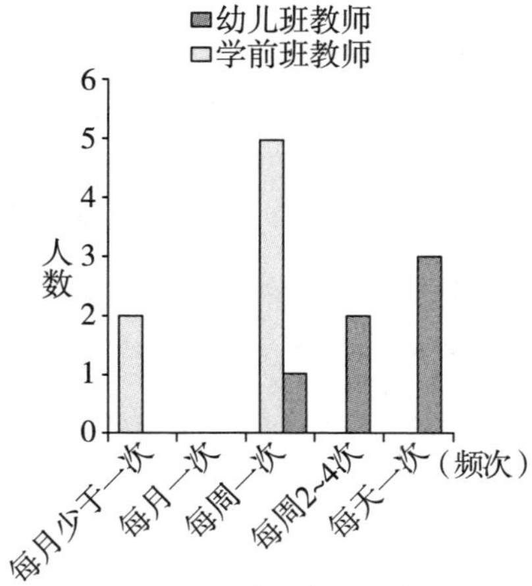

图 11-2　男孩应在室内参与追逐游戏的频次分布（单位：人）

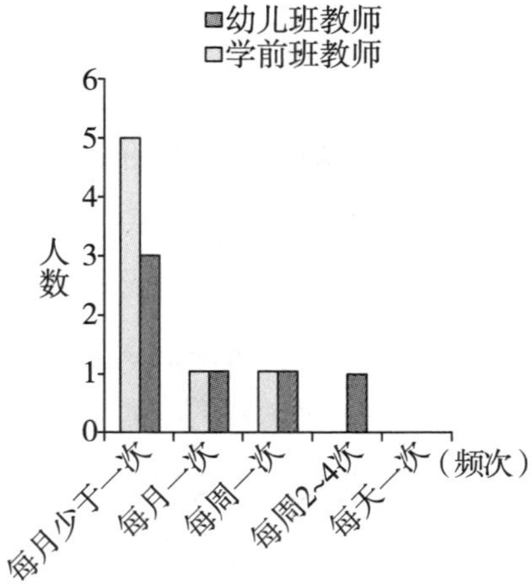

图 11-3　女孩应在室内参与追逐游戏的频次分布（单位：人）

图 11-4 和图 11-5 显示了两种班级中教师认为男孩和女孩应在户外参与追逐游戏的情况。大多数幼儿班和学前班教师认为，男孩应每周在户外玩追逐游戏 2~4 次。大多数幼儿班和学前班教师认为女孩在户外玩追逐游戏每月一次或者每月少于一次。

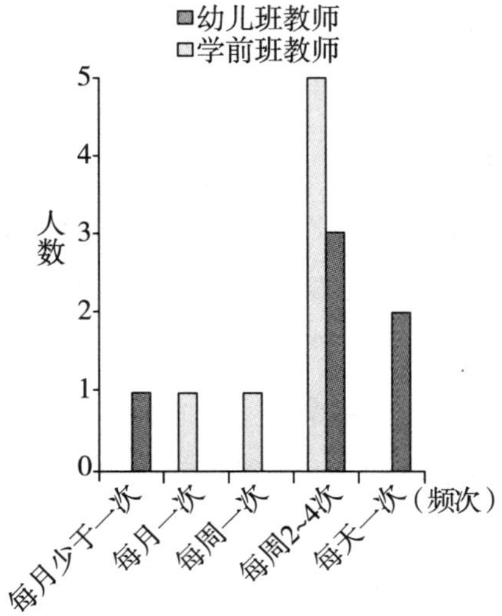

图 11-4　男孩应在户外参与追逐游戏的频次分布（单位：人）

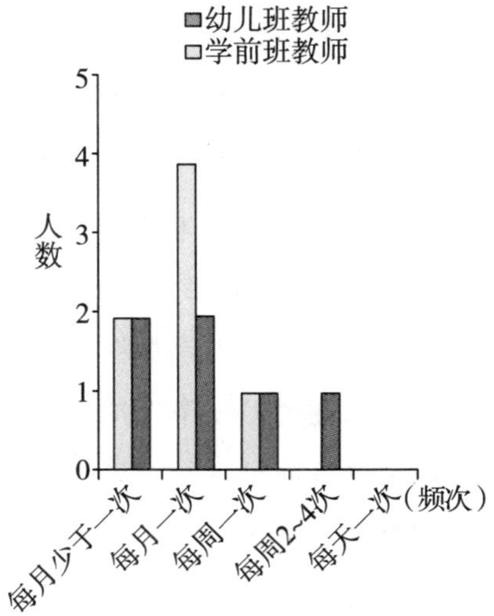

图 11-5　女孩应在户外参与追逐游戏的频次分布（单位：人）

访谈结果

主题：我能做好我自己

主题抓住了人们对追逐游戏的认识和看法，即认为儿童参与追逐游戏是一件自然而然的事情。问卷调查和访谈同时印证了教师会参考不同的发展理论来证明追逐游戏对儿童发展的意义。这部分访谈资料的编码主题是：发展与“发现”以及一件自然而然的事情。

发展与“发现”

无论是在问卷调查或是在访谈中，“发展”这个词频繁出现，每份样本至少出现过一次。这说明，在教师眼里，参与追逐游戏，实际上为儿童在各个关键领域的发展打开了一扇门。

“尽管这（追逐游戏）只是一小块内容，但什么东西都渗透在里面。”安娜说。

在访谈中，安娜和利萨都指出，追逐游戏可以发展儿童各个关键领域的发展。

“交流与沟通”“心理应激”和“身体健康”（安娜）

“身体发育”和“大肌肉群运动技能”（利萨）

一位每天都扮演超级英雄的儿童家长说：“我确实觉得儿子的语言水平在扮演超级英雄的过程中得到了锻炼。”（3 号家长）

在与幼儿园工作人员的小组访谈中，教师又一次提到追逐游戏的优点：“（追逐游戏）能促进儿童的发展，增强想象力，这正是孩子所需要的。”（4 号教师）

主题的另一个关键性话题是追逐游戏是儿童学习的中介，儿童通过追逐游戏来学习。这一观点是这样表述的：“我觉得孩子们在（追逐游戏）中充分表现自我、发现自我。”（安娜）

在问及儿童应该在家里还是在幼儿园里玩这个游戏时，一名教师的观点既回答了这个问题，又重述了上面的观点。他说：“在孩子的特有年龄段里，与孩子们一起玩游戏，探索身体发展的不同方式。”

（13号教师）

一件自然而然的事情

许多教师都将追逐游戏表述为一种儿童内在的、难以抑制的消遣和娱乐活动。

“这是一件自然而然的事情。无论如何，他们都要做。如果你不这样做，你就像打了败仗似的。”

在与安娜的交谈中，她大量使用了诸如“闲荡”“漫不经心地乱转”“大声叫嚷”等字眼来说明儿童在参与这类游戏时表现出的自由、夸张和狂热。其他人的访谈内容也暗含这样的字眼。

在追忆自己童年玩追逐游戏的经历时，利萨提道：“我认为它就是那样。我喜欢的也是这……我可以做我自己。”利萨的话表明，追逐游戏早已是利萨童年的一部分、生命的一部分。这说明，追逐游戏就是儿童生活的自然组成部分，是所有人童年生活的必然组成部分，就像其他教师所说的那样：

“两个生龙活虎的男孩子在家里不停地追逐打闹。”（8号教师）

“可能听起来有些奇怪，但它确实是我家周末晚上的‘传统节目’……我喜欢这个游戏。”（9号教师）

第四章　结论与讨论

在这一部分，研究者开篇就要在总体上明确呈现本研究的主要研究结论，并用此前在文献综述中谈到的重要文献来质询这些结论。只不过，研究者要依照从数据和资料中得到的论题来进行这种理论探讨。在形成讨论时，研究者既可以使用前面文献综述中已经涉及的文献，也可以添加新的文献。在得出结论时，研究者一定要注意，一个研究不可能回答该领域的所有问题。研究得到的结论是基于小样本的调查和研究而来的，研究结论不可能脱离研究本身的情境而具有了更普遍和一般的结论。一般来说，研究者在结论与讨论部分应考虑以下问题。

· 本研究的主要发现是什么？

· 本研究得出的主要结论是什么？

· 这些结论与已有文献之间的关系是什么？

· 这些结论是否证明了现有认识和看法是基于现有研究得出的？

· 以自己的专业实践而言，这些结论暗含了哪些发现？

· 在该结论基础上，自己还可以再研究什么？

· 为了提高研究结论的效度，研究者如何修正自己的方法论？研究的局限性在哪里？

结论与讨论举例

研究的结论与讨论部分主要包括以下内容，即结论概述、对研究问题的反思、研究的局限性和最终结论。下面节选了某研究中很小的一部分，看看研究者如何将理论和数据分析结合起来，从而形成学术观点，然后在文献和数据的支持下展开讨论。

> 研究者主要探查了儿童如何构建（Peachter，2006）和表现（Butler，2006）自己的性别意识，然后基于数据资料的分析进行了讨论。正如佩希特（Paechter）提出的概念“实践共同体”所表述的一样，教师们普遍这样认为，“女孩大多会玩过家家、搓橡皮泥或画画一类的游戏，男孩在游戏中显得更加主动和粗放”（4号教师）或者“女孩更倾向于玩装扮游戏或角色扮演”（6号教师）。诸如此类的例子，通常会作为幼儿园里定义男孩和女孩性别特征的典型标志（Martin，2011）。通过对此类话语的不断重复，权力者（在个案中，有权力的人就是成人）视角中的刻板特征隐含着的“正当性”，慢慢地变成了现实。这强化了男孩和女孩的性别刻板行为，正像索恩（Thorne）所说的那样，它最终保留并维护了男女儿童性别上的界限。

在结论与讨论部分，还有一个重要的内容是对研究问题的反思。通过研究，研究者引出了三个研究问题。这里，我们节选其中一个研究问题进行回答。

> **研究问题1：什么因素影响并决定儿童参与追逐游戏的频次以及对追逐游戏的理解？**
>
> 关于这个问题，问卷调查和访谈结果都显示，儿童的安全问题是最主要的内容。家长和教师都认为，无论是在幼儿园里还是在家里，成人都无法提供足够的活动空间和场地供儿童游戏。在狭小的区域内追逐打闹，大人很担心儿童的身体会受伤。教师尤其提到了寻找户外活动场地时的艰难，家长的辩词明显带着担心和忧虑，即认为在这类活动中，教师可能缺乏对儿童的适宜照料，甚至会虐待儿童。所以，如何在儿童参与游戏以促进身体发展以及参与游戏会导致儿童身体受到伤害之间保持平衡，成为影响追逐游戏开展的因素。另外，由于担心不同性别之间的接触是否适宜，所以有人坚持认为女孩要尽量少参与这种追逐游戏。正是以上这些因素促成了追逐游戏参与规则的制定，同时监督了追逐游戏的开展，并为之划定了不同的界限。这些规则严格限定了追逐游戏的开展地点，迫使儿童在认可的范围内参与游戏。

研究局限性举例

与上述部分衔接的内容是研究局限性。我们依然节选了某研究对研究局限性的描述片段。

研究开始就应该意识到研究的局限性，并且尽可能在研究过程中将研究干预的影响缩小在特定范围内。任何行动研究都应该探究到儿童对追逐游戏更深层次的态度和信念，甚至包括那些对追逐游戏不感兴趣的儿童的态度和信念。在提出研究问题和收集数据资料的过程中，研究者有必要让儿童更多地参与进来，发挥更积极的作用。当然，更重要的是，研究者要让儿童对影响自己生活的任何变化发表意见，主动发挥作用。如此一来，研究通过多样化的研究方法，如马赛克法，就会达成目标。

最终结论举例

最后是最终结论。在这部分内容中，研究者要将一系列从数据资料中获得的观点与理论结合起来并一一列举，形成不同的论点，在各个论点下分别论述和分析。

该研究聚焦了幼儿班里幼儿在追逐游戏中存在着的诸多状况。在玩追逐游戏的过程中，男孩明显表现出对彼此的关照和爱护。事实并未证明人们通常认为的观点，即追逐打闹就是侵犯，就是攻击性行为。相反，更为明显的是，如果男孩和女孩都有机会参与追逐游戏，那么他们都可以在游戏中自己解决问题，表现出很好的独立性和适应性。其实，在所有的这些矛盾中，最让人匪夷所思的是女孩参与追逐游戏的强烈意愿和热情。在大多数教师看来，女孩应该对追逐游戏不感兴趣，但女孩参与追逐游戏的事实和对追逐游戏表现出来的喜爱程度，确实让人值得注意。教师对女孩的误解，可能间接反映出教师自己小时候玩追逐游戏时获得的某些经验。这样看来，追逐游戏既是男孩乐意选择的，也是女孩喜欢选择的。后结构女性主义者借助“边界”

（Thorne，1993）、“实践共同体”（Paechter，2007）和“践言性行为”（Butler，2006）等多个概念说明儿童和成人是怎样将这种在追逐游戏中体现出来的不平等和边际多元化永久保持下去。尽管如此，后结构女性主义者依然认为，我们应该有更多的发展可能性供儿童选择，进而推动各类声音的介入，这样人们才有机会去挑战和改变现有的社会文化背景，而不是仅仅维持现状。

参考文献

研究者在撰写研究论文时，一定要非常熟悉该领域的所有研究，阅读过该领域的学术文献并将其用在自己的研究中。这便是引用文献和参考文献的过程。一般情况下，标注参考文献有详细的格式要求，研究者应该严格遵照格式要求。文献的标注目的通常有两种。一种是引用，需要将作者的姓名和文献出版时间作为自己论文中的一部分，列在某个句子中，就像这样“（Roberts-Holmes，2012）”。这种引用方式可以是直接引用文献的原始内容，也可以不直接引用，而只是将主要观点列举出来。在一篇研究论文中，过多地引用会被认为是写作孱弱的表现。另一种是将作者姓名以及论文名称、出版刊物以及发表时间等信息一一列举出来，形成参考文献清单，附在研究论文最后。下面我们节选了某项研究参考文献清单的部分内容。

图书

V. Baumfield，E. Hall & K. Wall. *Action Research in Education：Learning through Practitioner Enquiry* [M]. 2nd ed. London：Sage Publications，2012.

A. Bryman & T. Waller. Researching the Rights of Children under Three Years Old to Participate in the Curriculum in Early Years Education and Care. [M] //D. Harcourt, B. Perry & T. Waller. *Researching Young Children's Perspective*. London: Sage Publications, 2011.

L. Brooker. Learning to be a Child: Cultural Diversity and Early Childhood Ideologies. [M] //N. Yelland. *Critical Issues in Early Childhood.* Buckingham: Open University Press, 2005.

期刊

A. Bradbury. Rethinking Assessment and Inequality: the Production of Dispariries in Attainment in Early Years Education [J]. *Journal of Education Policy*, 26 (5): 655-676.

V. Braun & V. Clarke. Using Thematic Analysis in Psychology [J]. *Qualitative Research in Psychology*, 3 (2): 77-101.

网络资料

British Educational Research Association (BERA). Ethical Guidelines for Educational Research [EB/OL]. [2013-03-03]. http://www.bera.ac.uk/publications/pdfs/ETHICAL PDF.

政府文件

Department for Children Schools and Families (DCSF). *The Early Years Foundation Stage* [R]. Nottingham: DCSF Publications, 2007.

Department for Children Schools and Families (DCSF). *Practice Guidance for the Early Years Foundation Stage* [R]. Nottingham: DCSF Publications, 2008.

附录

在附录部分，研究者可以将儿童的绘画作品、调查问卷样卷、访谈记录、研究申请书以及参与调查的幼儿园情况简介等必要信息呈现出来，附在论文后面。因此，附录部分无外乎包括这样几部分：研究申请书、研究许可表、幼儿园情况简介、调查问卷样卷以及访谈记录节选等。注意，研究者要将这些必要信息编号，按次序排列，以便读者查看。

避免抄袭

有时候，临近提交论文时，自己觉得压力很大，有些人就想将别人的研究成果伪装成自己的研究成果，将别人的词、句子或想法当作自己的词、句子或想法。很显然，对于撰写论文的人来说，借用别人的想法并不会对自己写论文有用。令人不幸的是，这种事情时有发生。这种伪装的过程，我们通常称其为剽窃或抄袭。在学术界，抄袭是一种非常严重的错误。如果有人"偷窃"别人的研究成果，又被人发现的话，这个研究方案就会被全盘否定。当下，网络的普及和便利，使得人们更容易拷贝和粘贴别人的研究成果，明显增加了抄袭的可能性。但是，研究者一旦上传论文，别人就能通过某个软件轻而易举地发现抄袭的地方，所以论文抄袭是很容易被检出来的。这样看来，自己亲手写论文是最好的方式，杜绝抄袭，才能避免被发现。

校对和最后的扫尾工作

在研究论文的各部分写完后，除扉页以外的所有内容都需要标上页码，按序排列。过于复杂的页码设计可能割裂各部分内容，让读者看不到不同部分之间的内在联系，也不利于研究论文之间的交叉引用。论文提交之前，研究者应该仔细校对，也就是说，研究者要非常仔细地检查整篇论文，确保语法、拼写没有错误以及参考文献的格式符合规范，还要检查每个句子、每个段落是不是表述清楚以及逻辑关系是否清晰等。如果有可能，另请一个人来帮助自己校对。当然，校对是一个非常缓慢和细致的过程，很费时间，有时花两周，有时花三周，但不管怎样，研究者都需要在自己的研究时间计划表上，提前将校对时间预留出来，以保证有充裕的时间进行校对。

在论文校对好并准备提交时，一定记得提交全文，因为指导教师希望看到一篇完整的论文，并会在论文初稿上做批注。通常，阅读全文需要一段时间，所以研究者要给指导教师留出足够的时间，同时也要给自己留出足够的时间，以回应指导教师的批注意见，然后做进一步的修改。通常，在提交最后一稿论文，即定稿时，研究者需要考虑以下几个问题。

· 论文的主要内容是什么？与当前学前教育有什么关系？

· 论文结构是否清晰，以便于读者阅读？

· 论文书写是否流畅，以便读者了解主要论点？

· 有没有详细说明论文的研究背景和情境？

· 论述是否有力？证据是否充足？

· 论文是否回答了几个主要的研究问题？

· 研究者是否清晰界定了自己的研究范围？

· 有没有说明研究这个问题的原因？有没有说清楚研究方法和研究问题之间的关系？

· 有没有在论文最后做反思，即知道自己哪里做得好、哪里做得不好？

· 参考文献是否完整？参考文献格式是否符合要求？

论文提交的最后阶段，研究者要给自己留出打印和复印的时间，还要留出装订和取送的时间。论文网上提交时，确保自己知道怎样上传电子版。

祝贺你，你做到了！

一旦论文提交完成，那么祝贺你完成了一个研究项目。这证明，做研究，你完全可以。你有充沛的热情和兴趣，付出了艰辛的努力，回答了这个问题，增加了自己在这个领域的知识储备。这是一件多么令人欣喜的事情，完全值得祝贺。当然，这并不意味着一切工作都已结束，你还可以继续研究这个问题，将其延续到自己的工作中，而这也会反过来帮助你进行职业规划。很多求职成功的人都会讲，论文通过答辩，将自己的研究应用在实践中，改善了实践效果，因此求职自信心大增。在求职面试时，他们经常会在最后谈到自己的研究论文。研究赋予了他们学问和对相关知识的深入理解，令他们在面试中得以引人注目，从而容易在面试中取胜。当然，你也可以在学术会议上公开成果或者就职后在职工会议上公开，但不管怎样，从个人的专业发展来说，这都是非常有价值的事情。如果你想把自己的研究成果应用在幼儿园里，那你可以对自己的研究成果进行总结，然后在职工会议上公布，听听大家的反馈，或者在向各位同事展示之前，与指导教师进行沟通，看看哪些内容应该说、哪些应该写，确保自己呈现的所有内容符合伦理要求，体现自己的独特见解。学前教育实践专家因为处在工作一线，所以能更好地帮你指出研究的局限性和不足。因此，对于如何在幼儿园里实际应用研究结果，研究者需要更谨慎地进行思考和计划。更进一步说，学前教育研究近些年发展迅速，成果增长很快，所以研究者完全可以将自己的研究成果公开发表，这最好不过了！

总结

通过本章，你知道了以下内容。

- 形成具有信服力、批判性的观点。
- 研究论文的结构。

- 查找和搜索文献。
- 文献综述的结构和写法。
- 抄袭的危险性。
- 正确引用参考文献。

推荐阅读

K. Punch. *Introduction to Research Methods in Education* [M]. London: Sage Publications, 2009.

本书第十五章详细完整地介绍了研究方法，为论文写作提供了指导，其中包含对论文大纲结构的建议。

D. Wyse. *The Good Writing Guide for Education Students* [M]. 3rd ed. London: Sage Publications, 2012.

本书对于论文写作非常有帮助。

参考文献

Alderson, P. (1995) *Listening to Children: Ethics and Social Research.* Barkingside: Barnardo's.

Alderson, P. (2004) "Ethics", in S. Fraser, V. Lewis, S. Ding, M. Kellett and C. Robinson (eds), *Doing Research with Children and Young People.* London: Sage Publications with the Open University.

Alderson, P. (2008) *Young Children's Rights: Exploring Beliefs, Principles and Practice*, 2nd edition. London: Jessica Kingsley.

Atweh, B., Kermis, S. and Weeks, P. (1998) *Action Research in Practice: Partnership for Social Justice in Education.* London: Sage Publications.

Aubery, C., David, T., Godfrey, R. and Thompson, L. (2000) *Early Childhood Educational Research.* London: Routledge.

Barker, M. and Petley, J. (eds) (2001) *Ill Effects: The Media/Violence Debate.* London: Routledge.

Blaxter, L., Hughes, C. and Tight, M. (2010) *How to Research*, 3rd edition. Buckingham: Open University Press.

Booth, T. and Ainscow, M. (2004) *Index for Inclusion: Developing Learning, Participation and Play in Early Years and Childcare.* Bristol: Centre for Studies on Inclusive Education.

Bradshaw, J. (2001) *Poverty: The Outcomes for Children.* London: Family Policy Studies Centre.

Bronfenbrenner, U. (1979) *The Ecology of Human Development: Experiments by Nature and*

Design. London: Harvard University Press.

Brooker, L. (2001) "Interviewing children" in G. MacNaughton, S. Rolfe and I. Siraj-Blatchford (eds), *Doing Early Childhood Research: International Perspectives on Theory and Practice.* Buckingham: Open University Press.

Browne, B. (1998) *Unlearning Discrimination in the Early Years.* Stoke-on-Trent: Trentham.

Buckingham, D. (1993) *Children Talking Television: The Making of Television Literacy.* London: Falmer.

Cameron, C., Moss, P. and Owen, C. (1999) *Men in the Nursery: Gender and Caring Work.* London: Paul Chapman.

Campbell, A., Freedman, E., Boulter, C. and Kirkwood, M. (2003) Issues and *Principles in Educational Research for Teachers.* Nottingham: British Educational Research Association.

Campbell, A., McNamara, O. and Gilroy, P. (2004) *Practitioner and Professional Development in Education.* London: Paul Chapman.

Christensen, P. and James, A. (2008) *Research with Children: Perspectives and Practices.* London: Falmer.

Clark, A. (2005) *Beyond Listening: Children's Perspectives on Early Childhood Services.* London: Policy Press.

Clark, A. (2008) *Listening as a Way of Life: Why and How we Listen to Young Children.* London: National Children's Bureau.

Clark, A. and Moss, P. (2005) *Spaces to Play: More Listening to Young Children Using the Mosaic Approach.* London: National Children's Bureau.

Clark, A., McQuail, S. and Moss, P. (2003) *Exploring the Field of Listening to and Consulting with Young Children: Research Report RR*445. London: Department of Education and Skills.

Clarke, P. and Siraj-Blatchford, I. (2000) *Supporting Identity, Diversity and Language in the Early Years.* Buckingham: Open University Press.

Claxon, G. and Carr, M. (2004) A framework for teaching learning: the dynamics of disposition, *Early Years*, 24 (1).

Clough, P. and Nutbrown, C. (2007) *A Student's Guide to Methodology*, 2nd edition. London: Sage Publications.

Coady, M. (2010) "Ethics in early childhood research", in G. MacNaughton, S. Rolfe and I. Siraj-Blatchford (eds), *Doing Early Childhood Research: International Perspectives on Theory and Practice*, 2nd edition. Buckingham: Open University Press.

Coates, E. (2002) "I forgot the sky!" Children's stories contained within their drawings, *International Journal of Early Years Education*, 10 (1): 21-35.

Cohen, L., Manion, L. and Morrison, K. (2000) *Research Methods in Education*, 5th edition. London: Routledge.

Connolly, P. (1998) *Racism, Gender Identities and Young Children: Social Relations in a Multi-Ethnic, Inner-City Primary School.* London: Routledge.

Cox, J. (2005) "Childhood in crisis: Myth, reality or cause for concern? Perspectives from children, parents and the news media". PhD thesis, Canterbury Christ Church University.

Craft, A. (1994) Five and six year-olds' views of friendship, *Education Studies*, 20 (2): 181-94.

David, T. (1992) "Do we have to dothis?": The Children Act 1989 and obtaining children's views in early childhood settings, *Children and Society*, 6 (3): 204-211.

Denscombe, M. (2007) *The Good Research Guide.* Maidenhead: Open University Press.

Department for Education and Skills (DfES) (2004) *The Children Bill.* London: HMSO.

Department for Children, Schools and Families (DCSF) (2008) *Practice Guidance for the Early Years Foundation Stage.* Nottingham: DCSF.

Dhalberg, G., Moss, P. and Pence, A. (1999) *Beyond Quality in Early Childhood Education and Care: Postmodern Perspectives.* London: Routledge.

Dickins, M. (2004) *Listening as a Way of Life: Listening to Young Disabled Children.* London: National Children's Bureau.

Drummond, M. J. (2002) "Listening to children talking". Keynote speech at NCB's Early Childhood Unit's Early Childhood Conference. Available at www. ncb. org. uk/dotpdf/open_ access_ 2/edu_ lctc_ mjdspeech_ 2002. pdf

Edwards, C., Gandini, L. and Forman, G. (1993) *The Hundred Languages of Children: The Reggio Emilia Approach to Early Childhood Education*, 1st edition. London: Ablex. REGGIO CHILDREN/Centro Internazionale Loris Malaguzzi, Via Bligny, 1/a, 42124

Reggio Emilia, http: //zerosei. comune. re. it/

Edwards, C., Gandini, L. and Forman, G. (1998) *The Hundred Languages of Children: The Reggio Emilia Approach to Early Childhood Education*, 2nd edition. London: Ablex. REGGIO CHILDREN/Centro Internazionale Loris Malaguzzi, Via Bligny, 1/a, 42124 Reggio Emilia, http: //zerosei. comune. re. it/

Epstein, D. (1998) "Real boys don't work", in D. Epstein, J. Elwood, V. Hey and J. Maw (eds), *Failing Boys? Issues in Gender and Achievement*. Buckingham: Open University Press.

Erwin, P. (1998) *Friendship in Childhood and Adolescence*. London: Routledge.

Folque, M. (2010) "Interviewing young children", in G. MacNaughton, S. Rolfe and I. Siraj-Blatchford (eds), *Doing Early Childhood Research: International Perspectives on Theory and Practice*, 2nd edition. Buckingham: Open University Press.

Gibbs, S., Mann, G. and Mathers, N. (2002) *Child to Child: A Practical Guide: Empowering Children as Active Citizens*. Available at www. child-to-child. org/guide/index. html

Greig, A. and Taylor, J. (1999) *Doing Research with Children*. London: Sage Publications.

Harcourt, D., Perry, B. and Waller, T. (eds) (2011) *Young Children's Perspectives: Ethics, Theory and Research*. Abingdon: RoutledgeFalmer.

Harvey, R. (2004) "A toothless watchdog: Shortcomings of the mandate for the Children's Commissioner", cR205, pp. 4-7.

Hawkins, B. (2002) Children's drawing, Self expression, Identity and the imagination, *International Journal of Art and Design*, 21 (3): 197-208.

Holliday, A. (2007) *Doing and Writing Qualitative Research*. London: Sage Publications.

Hughes, P. (2001) "Paradigms, Methods and knowledge", in G. MacNaughton, S. Rolfe and I. Siraj-Blatchford (eds), *Doing Early Childhood Research: International Perspectives on Theory and Practice*. Buckingham: Open University Press.

Isaacs, S. (1954) *The Educational Value of the Nursery School*. London: British Association for Early Childhood Education.

Jacklin, A. and Lacey, C. (1997) Gender integration in the infant classroom: A case study, *British Educational Research Journal*, 23 (5): 623-39.

James, A. and Prout, A. (eds) (1997) *Constructing and Reconstructing Childhood*. London: Falmer.

Kellett, M. (2010) *Rethinking Children and Research.* London: Continuum.

Kirby, P., Lanyon, C., Cronin, K. and Sinclair, R. (2003) *Building a Culture of Participation: Involving Children and Young People in Policy, Service Planning; Development and Evaluation: A Research Report.* London: Department for Education and Skills.

Kress, G. (1997) *Before Writing: Rethinking the Paths to Literacy.* London: Routledge.

Lancaster, Y. and Broadbent, V. (2010) *Listening to Young Children*, 2nd edition. Maidenhead: Coram Family and Open University Press.

Langsted, O. (1994) "Looking at quality from the child's perspective", in P. Moss, and A. Pence (eds), *Valuing Quality in Early Childhood Services: New Approaches to Defining Quality.* London: Paul Chapman.

Langston, A., Abbott, L., Lewis, V. and Kellett, M. (2004) "Early childhood", in S. Fraser, V. Lewis, S. Ding, M. Kellett and C. Robinson (eds), *Doing Research with Children and Young People.* London: Sage Publications with the Open University.

Lather, P. (1991) *Getting Smart: Feminist Research and Pedagogy with/in the Postmodern.* London: Sage Publications.

Lindon, J. (2003) *Childcare and Early Education: Good Practice to Support Young Children and their Families.* London: Thomson Learning.

Macan Ghail, M. (1994) *The Making of Men: Masculinities, Sexualities, and Schooling.* Buckingham: Open University Press.

Maccoby, E. (1996) "Gender as a social category", in W. Bukowski, A. Newcomb and W. Hartup (eds), *The Company They Keep: Friendship in Childhood and Adolescence.* Cambridge: Cambridge University Press.

MacNaughton, G. (2000) *Rethinking Gender in Early Childhood.* London: Paul Chapman.

MacNaughton, G. and Hughes, P. (2008) *Doing Action Research in Early Childhood Studies.* Buckingham: Open University Press.

MacNaughton, G., Rolfe, S. and Siraj-Blatchford, I. (eds) (2010) *Doing Early Childhood Research: International Perspectives on Theory and Practice*, 2nd edition. Buckingham: Open University Press.

Malaguzzi, L. (1996) "No Way. The Hundred is There", in *The Hundred Languages of*

Children. Reggio Emilia: Reggio Children. Centro Internazionale Loris Malaguzzi, Via Bligny, 1/a, 42124 Reggio. Emilia http://zerosei. comune. re. it/

Mann, G. and Laws, S. (2004) *Involving Children in Research on Violence Against Children*. London: Save the Children Fund.

Martin, E. (2005) "Emotional development and learning in the early years". PhD thesis, Canterbury, Christ Church University.

Mauthner, M. (1997) Methodological aspects of collecting data from children: Lessons from three research projects, *Children and Society*, 11: 16–28.

Mayall, B. (ed.) (1993) *Children's Childhoods: Observed and Experienced*. London: Falmer.

Mayall, B. (2000) "Conversations with children: working with generational issues", in P. Christensen and A. James (eds), *Research with Children: Perspectives and Practices*. London: Routledge.

McNiff, J. (2006) *All you Need to Know about Action Research*. London: Sage Publications.

McNiff, J. and Whitehead, J. (2010) *You and Your Action Research Project*. London: Routledge.

Miles, B. (1994) *Qualitative Data Analysis: An Expanded Sourcebook*. London: Sage Publications.

Millam, R. (2002) *Anti-Discriminatory Practice: A Guide for Workers in Childcare and Education*. London: Continuum.

Morrow, V. and Richards, M. (1996) "The ethics of social research with children: an overview", *Children and Society*, 10: 90–105.

Mukherji, P. and Albon, D. (2009) *Research Methods in Early Childhood: An Introductory Guide*. London: Sage Publications.

National Children's Bureau (NCB) (2002) "Including children in social research", *Highlight*, No. 193.

National Children's Bureau (NCB) (2003) *Guidelines for Research*. Available from www. nfer. ac. uk/nfer/schools/developing-young-researchers/NCBguidelines. pdf (last accessed June 2014).

Oliver, P. (2004) *Writing Your Thesis*. London: Sage Publications.

Pahl, K. (1999) *Transformations: Children's Meaning Making in a Nursery.* Stoke-on-Trent: Trentham.

Punch, K. (2009) *Introduction to Research Methods in Education.* London: Sage Publications.

Quortrup, J. (1987) Introduction: The sociology of children, *International Journal of Sociology*, 17 (3): 3–37.

Roberts-Holmes, G. (2001) The whole family: Looking back to jump ahead, *Co-Ordinate, Journal of National Early Years Network*, Spring, issue 80.

Rogoff, B. (2003) *The Cultural Nature of Human Development.* Oxford: Oxford University Press.

Rolfe, S. and Emmett, S. (2010) "Direct observation", in G. MacNaughton, S. Rolfe, and I. Siraj-Blatchford (eds), *Doing Early Childhood Research: International Perspectives on Theory and Practice*, 2nd edition. Buckingham: Open University Press.

Schön, D. (1987) *Educating the Reflective Practitioner: Toward a New Design for Teaching and Learning in the Professions.* San Francisco, CA: Jossey-Bass.

Sewell, T. (1998) "Loose canons: Exploding the myth of the 'black macho' lad" in D. Epstein, J. Elwood, V. Hey and J. Maw (eds), *Failing Boys? Issues in Gender and Achievement.* Buckingham: Open University Press.

Shields, P. (2009) "School doesn't feel as much of a partnership": Parents' perceptions of their children's transition from nursery school to Reception class, *Early Years*, 29 (3): 237–48.

Siraj-Blatchford, I. and Clarke, P. (2000) *Supporting Identity, Diversity and Language in the Early Years.* Buckingham: Open University Press.

Siraj-Blatchford, J. (2010) "Surveys and questionnaires: An evaluative case study", in G. MacNaughton, S. Rolfe and I. Siraj-Blatchford (eds), *Doing Early Childhood Research: International Perspectives on Theory and Practice*, 2nd edition. Buckingham: Open University Press.

Skelton, C. (2001) *Schooling the Boys: Masculinities and Primary Education.* Buckingham: Open University Press.

Taylor, A. (2000) "The UN Convention on the Rights of the Child: Giving children a voice", in A. Lewis and G. Lindsay (eds), *Researching Children's Perspectives.* Buckingham: Open University Press.

Thorne, B. (1993) *Gender Play: Girls and Boys in School.* Buckingham: Open University Press.

United Nations (UN) (1989) *Convention on the Rights of the Child.* New York: United Nations.

Vasconcelos, T. (2008) "Case study", in G. MacNaughton and P. Hughes (eds), *Doing Action Research in Early Childhood Studies.* Buckingham: Open University Press.

Webster, S. (2002) "Cinderellas in lonely castles? Perspectives of voluntary preschool supervisors in rural communities", in C. Nutbrown (ed.), *Research Studies in Early Childhood Education.* Stoke-on-Trent: Trentham, pp. 183–198.

West, L. (1996) *Beyond Fragments: Adults, Motivation and Higher Education. A Biographical Analysis*. Basingstoke: Taylor and Francis.

Whitehead, J. (2006) *Action Research: Living Theory.* London: Sage Publications.

Willan, J. (2004) "Observing children: Looking into children's lives", in J. Willan, R. Parker-Rees and J. Savage (eds), *Early Childhood Studies.* Exeter: Learning Matters.

Wyse, D. (2012) *The Good Writing Guide for Education Students*, 3rd edition. London: Sage Publications.

Yap, M. S. (2010) "Malaysian parents' perspective of pre-school education". Unpublished MA dissertation, Institute of Education, University of London.

Yelland, N., Lee, L., O'Rourke, M. and Hanlon, C. (2008) *Rethinking Learning in Early Chidhood Education.* Maidenhead: Open University Press.

Yin, R. K. (2009) *Case Study Research: Design and Methods*, London: Sage Publications.

出版人　李　东
责任编辑　赵建明
版式设计　杨玲玲
责任校对　贾静芳
责任印制　叶小峰

图书在版编目（CIP）数据

学前教育研究：方法与应用（第三版）/（英）盖伊·罗伯特-赫尔姆斯（Guy Roberts-Holmes）著；孙爱琴译. —北京：教育科学出版社，2019.3

书名原文：Doing Your Early Years Research Project：A Step-by-Step Guide，Third Edition

ISBN 978-7-5191-1362-9

Ⅰ. ①学…　Ⅱ. ①盖…②孙…　Ⅲ. ①学前教育—研究方法　Ⅳ. ①G612

中国版本图书馆 CIP 数据核字（2019）第 003638 号

北京市版权局著作权合同登记　图字：01-2015-7823 号

学前教育研究：方法与应用（第三版）

XUEQIAN JIAOYU YANJIU：FANGFA YU YINGYONG

出版发行	教育科学出版社		
社　　址	北京·朝阳区安慧北里安园甲 9 号	**市场部电话**	010-64989572
邮　　编	100101	**编辑部电话**	010-64989365
传　　真	010-64891796	**网　　址**	http://www.esph.com.cn
经　　销	各地新华书店		
制　　作	北京金奥都图文制作中心		
印　　刷	保定市中画美凯印刷有限公司		
开　　本	720 毫米×1020 毫米　1/16	**版　　次**	2019 年 3 月第 1 版
印　　张	17.75	**印　　次**	2019 年 3 月第 1 次印刷
字　　数	219 千	**定　　价**	55.00 元

Original English Title:
Doing Your Early Years Research Project: A Step-by-Step Guide, Third Edition
By Guy Roberts-Holmes